文芸社セレクション

陽だまりの中のよっさん

宮本 隆彦

MIYAMOTO Takahiko

文芸社

はじめに

　昭和四十七年、私たち夫婦は男の子を授かった。のちに自閉症とわかった。名前は好裕《よしひろ》、通称よっさん、みんなが彼のことをそう呼ぶ。

　よっさんは、おかげさまで病気もせず元気に学校生活を終え、高等部卒業後は地域の知的障がい者の作業所で働くことになった。

　よっさんは自閉症の子供と同様に多動性でコミュニケーションが取れず、その特異な障害のため一般の事業所で受け入れてくれるところはなく、障がい者の作業所に入っても支援員は扱いかね手を焼かれ、そのまま何もせず放っておかれ、彼らの働く場所や生活の場所が見つからない、というのが現状だった。

　このままで、果たしていいのだろうか？　親亡き後も、彼らが一人の人間として心豊かな生活を過ごすことができるのだろうか？　将来のことを考えると、親の心配は山ほどあった。そのためには、自閉症の子のために安住の場所を作ってやらないと、親は死んでも死に切れない。

　当時の日本の福祉、特に陽が当たっていなかった自閉症児者のための生活の拠点となるような施設を作ろうと考え、親達が設立運動を始めた。「既存の制度にないものを、自分達で創り出そう」と。

親達が一丸となり熱心な支援者にも恵まれて、苦心の結果、奥伊勢の地に自閉症の子達のための社会福祉法人を立ち上げ、平成十三年に障がい者支援施設「れんげの里」を設立した。

その地は奇しくも私にとって母の故郷。幼き頃から母に手を引かれ、何度この地を訪れたことか。日本一の清流が流れ、自然に恵まれた地、心豊かで優しい人達、私にとってこの地は愛すべき第二の故郷だった。

前著『陽だまりを求めて』は、理想の施設を建設し夢を実現した苦心話を書きあげた。今度は引き続き施設とはなんだろう？　少しユーモラスに、これから福祉の仕事に歩み始めようとする都会の若者の目線で、フィクション仕立てに物語を書き上げた。

自閉症者（児）の入所施設で自閉症の利用者さんとの問題点や課題、その中でサポートしてくれる職員の何とかして乗り越えようと頑張る人々のことを、多くの人々に知ってもらいたいと、私なりの想いをこの愛すべき私の第二の故郷で、若い兄ちゃんが奮戦する物語を書き記した。

もくじ

陽だまりの中のよっさん

序　章　小さな町へ来てしもた

「え～ここはどこや？」灯油のにおいがツ～ンと鼻につく、ウトウトした俺の耳に「のじり～のじり～」と、車内のスピーカーの声ではっと目が覚めた。

運転手と俺だけしか乗ってない奥伊勢を走る紀勢線のワンマン列車。うわ～もう少しで乗り越すところだった。

慌てて飛び降りた駅、三重県奥伊勢にある小さな駅「野後《のじり》」、運転手が「兄ちゃん切符、切符」と窓から顔を出して俺に言った。

列車も運転手だけで、俺が降りれば乗客もいない無人の列車なら、俺が降りたこの駅も人っ子一人いない無人の駅だった。

「わ～、どえらい場所にやってきた」駅から外に出たが、やっぱり人っ子一人もいない。なんてことや。俺の行き先、誰に聞くんや。

どうしようかと空を見てびっくりした。「めっちゃ青いや」こんな青空、台風一過の時しか見ることができん。ほんまに真っ青や、雲一つない。上を見てもう一つ気がついた。なんやこの場所、全く匂いと騒音がないわ。今まで俺が住んでいた大阪の町は排気ガスの匂いと車の騒音、あちこちから食べ物の匂い腐敗臭が混ざり合い、真っ黒なカラスが「か〜か〜」と、そんな雑把とした澱んだ空気の中に俺はいつもいた。

それでも小さい頃からそこに住んでると、慣れというか、その匂いさえも麻痺して気にならなくなるが、この駅に降りてすぐ分かった。ここはホンマに空気がうまい。空気がきれいということがよく分かった。

大阪を出るとき高校時代の先公・高橋がくれた、汚い字で書かれた紙きれがある。「三重県度会郡 遙宮《とうのみや》町大字野後《のじり》」とフリガナがしてある。ここが野後か！

今朝、二人きりの姉弟であるお姉に送ってもらって大阪の上本町から近鉄に乗ったのが朝七時五十分の急行やった。今までこんなに早く電車に乗ったことがなかったが、この急行はビックリするほど満席だった。

朝早くから、この客達はどこへ行くのか。仕事に行くのだろうか、遊びに行くのだろうか。サラリーマンらしき者は、大阪から離れてどこで働いているのやろ。入り口近くで女学生が大笑いしてる。大阪から離れての通学や、こいつら俺と一緒で偏差値は二十以下なのか？　リュックを持った爺や婆はハイキングか、奈良のお寺にあの世のことを聞きに行くのやろか？

ぎゅうぎゅう寿司詰めの車中で何となくそんなことを考え、人ごみの中で耐えていたが、それでも桜井を過ぎ大和八木を越えた頃には車中の人はどんどん少なくなっていった。お蔭で座席にも座ることができ、ついつい居眠り。

目を覚ましたら車掌の声が、「まつさか〜、まつさか〜」と叫んでいた。

「そや、ここでＪＲに乗り換えや」

高校時代の先公高橋が書いてくれたクチャクチャのメモを見ながら、松阪駅に降りた。大阪から外に出た経験がない俺にとって松阪という駅は、人も少ない静かな町だった。

メモを見るとこの松阪からＪＲ紀勢線に乗り換えるらしい。改札口の前にあるＪＲの切符売り場で六百七十円払って聞いてみた。野後に行くには松阪からＪＲ伊勢線で二つほど向こうの多気駅まで行き、そこから今度はＪＲ紀勢線に乗り換えるようである。どれくらいかかるのか聞いてみて、無性に腹が立ってきた。

「何でやねん。何で俺がこんな、ド不便な、ド田舎へ、行かにゃあかんのか」

駅員の話では、まずこれから五十分ほど待って、十時七分の鳥羽行で二つ先の多気駅まで行く。多気駅に着くのが十時十六分、そこでＪＲ紀勢線の各駅停車の尾鷲行に乗る。この連絡がごっう悪い。多気駅発が十三時十五分、それに乗ってやっと野後駅に着くのが十三時五十四分や！

何でやねん、鈍行ばっかりやんけ。快速か急行のような洒落た列車はここではないのかと駅員に聞いたら、「ここらの人は、みな自家用車を利用しとる。ＪＲを利用しとるのは学生か老人だけや。野後駅も利用者は少ない。鈍行停めるだけでも大変や」と、冷たく言われた。

時刻表を見るとほとんど本数がない。これを逃したら野後へは行けんらしい。何でやねん、頭がおかしなるわ。

松阪で五十分時間を過ごしたのは、まだ我慢ができた。ホームで立ち食いのうどんを食べた。うまくもないが不味くもない、そんなレベル。

「うろんはやっぱり大阪やで！」

高校三年の終わり頃、酒を覚えた。締めはいつもうろんやった。大きなおいなりさんの入った、けつねうろん。こいつは大阪の自慢や。

多気駅で尾鷲行に乗り換えるボケッと待つ三時間は、ホンマ地獄やった。誰もいないホームで耐えた。ホームの時計の秒針がこんなに遅いものか？　このセイコーの時計は狂っとるのと違うか？

「もっと早く動け！」俺は何度も何度もその時計に向かってどなった。

そういえば俺の携帯電話も付き合いよく、同じように時間が止まっていた。

多気駅にいる間、大阪の悪友二人《わるとも》から電話があった。

「隆よ。お前、今どこにいるんや？」と聞いてきたので「花園みたいなところや。田圃と畑ばっかりや。ここは誰もいてへん極楽や」と皮肉を込めて言うたら「アホ抜かせ、そんなとこがあるか」と電話を切ってもた。

次の悪友も同じような電話や。

「どこにいるんや。今夜、南へ遊びに行けへんか？」

「南か、ええなぁ。俺もっと南に来とるから行けへんわ」

「南って、どこにいてんのや。今からそこへ行こか」

「アホ抜かせ。大阪から七時間ほどかかるとこやで。来るんやったら待ったるで」

少々自虐振りに言う。

「七時間もかけて行くところじゃなさそうやな。しゃあない。お前と行くの諦めて、美香でも誘って行くわ」と電話を切った。ほんま付き合いの悪い奴や。

それから二時間ほどぼ〜っと、ほんまに長〜い時間をホームで過ごした。

テレビもない、ラジオもない、人もいない、たまにカラスが遊びに来る。誰かの歌を思い出した。ほんまに地獄のような三時間が過ぎて、やっとＪＲの気動車ってヤツに乗った。車内は灯油臭い匂いが漂う。

なんでも、この気動車という列車はディーゼルエンジン、重油で動くらしい。列車というものは電気で走るものやとばかり思っていたが、田舎ではディーゼルらしい。パンタグラフがないわ。ホンマ認識を新たにしたわ。

そういえば死んだ爺ちゃんが、大阪でも昔は、石炭で走る列車や薪で走る自動車があったと言ってたが、今でもこの辺には薪の自動車が走ってんのやろか。

列車の中は油の匂いさえ除けば、まあ快適だった。多気駅を出た時、車両に乗っていたのは、会話の語尾が妙に「にゃぁ〜にゃぁ〜」と耳に付く、まるでお前らは猫かと言いたいほど「にゃぁ〜にゃぁ〜」を連発するババアが二人と、数年前に大阪ではやった、あまり可愛くもない服を着た高校生らしき女性が二人、俺と合わせて計五人だった。

三つほど駅に着く頃には、乗客は全員降りていき、あとは俺一人の貸切りだった。寂しすぎるわ。こうなると俺が車内でやることは、転寝《うたたね》ぐらいや。転寝は中学時代から得意やった。

高校を卒業して大学受験に失敗して働く気もなく家でぶらぶらしたり、同級生の友《ダ》達《チ》、こいつらも俺と同様の連中で、いつも心斎橋や南辺りを目的もなく歩き回り時間を過ごす毎日やった。

こんな俺の事をおふくろが心配して、高校時代の担任の高橋に相談したらしい。「高橋先生に頼んでいたら、やっとお前の勉強先が決まった、明日ここへ行け」と言われて、彼の書いたメモをくれた。

行き場所は「三重県度会郡遙宮町大字野後」。へえそんな場所《とこ》、地理の時間でも習ったことないわ。度会郡《どかいぐん》って書いてあるが、大阪の町とはえらい違うわ。町ゆうても、大字と書いてるから多分ど田舎やろ。携帯電話は通じるのか？（後に知ったが度会郡はどかいぐんではなく、わたらいぐんと言うらしい）

高橋のメモには、遙宮町への電車やJRで行く順と、俺が働くとこらしい「レンチのサナ？」とJR野後駅を降りてからその場所へ行く簡単な地図が書いてあった。

まあ大阪にいてもダチと暇もてあましてんのやから、口減らしにもなって少しは親孝行の真似事にもなるやろから、旅行気分で「遙宮町」へ行ってみようか。決断するというものではなかったが、珍しいもの見たさにズックの鞄一つを持って、朝早く姉ちゃんに見送られて近鉄電車に飛び乗った。

電車に乗る時、姉ちゃんが俺に言った言葉「帰ってきたらあかんで。お母んがまた心配しよる。石の上にも一ヶ月て言うや。最低一ヶ月しっかりボランタ～しておいでや」。姉ちゃんそりゃ違うで「石の上にも三年」やろ。

「のじり〜のじり〜」車内のスピーカーで目が覚め慌てて飛び降りた。先公の高橋が俺に渡してくれたメモだけが頼りや。列車の乗り換えが書いた裏に行き先が書いてある。

「おいおい高橋の奴、なんて読むのや。しかも片仮名で汚い字や。奴さん黒板の字も読みにくかったがメモも一緒や。ホンマ読めへんわ。な〜に『レンチのサナ』けったいな名前や。ホンマこんな場所、あるんやろか。心配になってきたわ」

駅を出て辺りを見回しても、今にも壊れそうな家が数軒と小屋のような建物が数軒立っているが、列車同様ここは人っ子一人誰もいない。

地図によると駅から真っすぐ行くと『レンチのサナ』が右にあるらしい。取りあえず歩いていくと、目がくらみそうな深い谷に、きれいなエメラルドグリーンの水が流れ、橋が架かっていた。

うわ〜なんやこの川、メッチャ綺麗や。真っ黒でドロドロの心斎橋の道頓堀川とえらい違いや。阪神ファンは優勝する度にあの汚い川に飛び込むけど、さすがに俺はよう飛び込まんけど、ここだったら飛び込んでもいいわ。うわ〜銀色に光る魚が泳いでいる。こんなに魚いるのは、水族館以外で見たことないわ。

しばらく川を覗いてから橋を渡りきると、高橋の地図には書いてない国道らしき道に出た。この辺りも人は歩いていないが、家はたくさんある。木材を運んでいる大型車や魚を運んでいるような保冷車、普通車も結構走っている、車も多い。

なんや、こんな道この地図には書いてないぞ、この風景と、高橋の地図とえらい違いや。

道路の向こう側にコンビニがあったので『レンチのサナ』について聞いてみようと店に飛びこんだが、入ってみたが客も店員も誰も居ない。

「こんちは、こんちは」何度も何度も声をかけて、やっと奥からこの店の奥さんらしき人が胡散臭そうに俺を見る。「いらっしゃい」

「すんません、この辺りにレンチのサナという所はありますか」

俺の質問に、店の奥さんは訝った顔で、

「さあ～、この町にそんな名前の所はないわ。あんた間違ってるのと違う？　そこって何してるとこ？」

「さあ俺も詳しく聞いてこなんだ。このメモが頼りで、ここまで来たんや」

「あんたぁ『レンチのサナ』て、サナ？　佐奈ていう所は二つぐらい向こうの駅や、佐奈、あんた乗り越してきたんと違うかにゃあ」

そう言えば、ウトウトして車内のスピーカーを聞いていたが、確か佐奈という駅を聞いたように思う。

「いや野後駅で降りたら真っすぐに行ったらいいだけやと聞いてきたんやけど」と先公の高橋が書いてくれた、しわくちゃになったちんけなメモを伸ばしながらおばさんに見せる。

「そうやにゃぁ。ちょっと待って。前を役場の子が通ってるで、聞いたるわ」と店の前を歩いていく女性を慌てて呼びに行った。

「治子さん、あんた『レンチのサナ』て、この辺にあるか知らんか？『レンチのサナ』や」

「え〜レンチのサナ、え〜そんなの聞いたことないにゃ」と言いながら治子さんという女性が店の中に入ってきた。

俺が渡したメモを見ながら役場の治子さんが、「ちょっと見せて。ここが野後の駅やな。この駅をまっすぐ行って右側にあるのや……え〜」治子さんも首をひねった。

「野後の駅から歩いて、そんなにかからへんて、俺の先生が言ってた」

「ちょっと待ってな。え〜？　え〜？　……そうか。あんたにゃぁ、これ、字が違うんと違うか。『レンチのサナ』と違って、これは『レンゲのサト』と違うか？」

治子さんが、皺くちゃになった高橋先生の地図を見ながら言った。

「あんたにゃ、これ片仮名で書いてるやろ。崩し過ぎて、よう見て。レンチやろ。このチという字やけどケと書こうとして横線を縦棒が上に抜けたんやろ。このナもトの横棒が左に抜けてしまってナに見えるのと違うか。そうやにホンマは「レンゲのサト」と、書いたんやろ。あんたの先生て大概ええ加減やろ、ちょっとひどい字やにゃ」

治子さんは、にゃあにゃ言って笑った。

「よかった、多分れんげの里や。れんげの里はこの店の後ろにある役場を突っ切るとにゃ〜片側一車線やけどこの辺では広い道や。伊勢に向かって伸びてる県道に出る。この道を左にどんどん行くと、右に噺野《はなしの》て駐車場が見えてくる。噺野の噺は、落語の噺家という字や。ここはにゃ、ログハウスが建っててキャンプするのに最適や。そこを越えると右側に赤い瓦の施設が見えてくるわ。この辺ではちょっとカッコのええ煉瓦の門に『れんげの里』て、書いてあるからよく分かるはにゃ〜」

治子さんもコンビニのおばさんも、最後によくにゃぁ〜にゃぁ〜と聞こえた。ここの方言やろか、まぁいいわ。二人に言われた道を俺は歩き出した。

後で聞いた話やが、三重県は「伊勢のナ言葉」と言い最後に「ナ」をつけるらしいが、奥伊勢の人達の「ナ」言葉は発音が俺のような関西人が聞くと「にゃ」と聞こえるそうである。

役場を突っ切り県道に出て「少し歩いたら着く」と治子さんは言ったが、歩いてみると結構かかった。「れんげの里」に着くまでかれこれ十五分ぐらいの間この村の人に一人も会わなかったが、人の代わりに猿の親子が道路沿いで毛づくろいをしてた。

うわ〜すごい、猿なんて小学校の時、天王寺の動物園で見て以来や。

第一章　「レンチのサナ」いやいや「れんげの里」とは

大阪生まれで、小さい時からどこへ行くにも阪神や阪急や近鉄やと電車三昧、ほとんど歩いたことのない俺にとって、役場の治子さんに教えてもらった遙宮町役場から「れんげの里」までは結構時間が掛かった。

治子さんに教えてもらった通り長い道のりを歩いたが、その間、誰一人も会わなかった。ホンマえらい所やで。

猿の親子が道路沿いで毛づくろいをしていて俺を見ると肩を怒らせて、威嚇してきた。ちょっと怖かったが目を合わさんように無視してやったら、猿も何もしなかった。

人もほとんどいない田舎で、これから俺はいつまで暮らさにゃいかんのか？

ちょっぴり不安がつのる。

嘶野駐車場という看板が、やっと右に出てきた、それからすぐ前に田舎にはめずらしい、赤い屋根の施設が見えてきた、これが「レンチのサナか、いやいやれんげの里」か……。

役場の治子さんが言っていた、ちょっとカッコいい煉瓦で作った門の右側に「れんげの里」と書いてある。

「ここや、ここがレンチの……、いや『れんげの里』か」

ここの門はスライド式の門扉でしっかり締まっていた。このまま入っていっていいのかどうしようか、少しためらう。呼び鈴らしきものも見つからない。

門の向こう側に三十歳ぐらいのおっちゃんがボ～ッとした顔で青空を見ていたので声をかけてみた。

「おっちゃん、こんにちは。ここはれんげの里か。ここから入っていいか」

俺の質問にそのおっちゃんは「れんげの里、れんげの里」とブツブツ一言二言、言って右手を挙げ、にっこり笑うと走って正面の建物に入っていった。

誰かを呼んでくれたのかとしばらく待っていたが、五分経っても誰もその建物から出てこない。しばらくどうしようかと立ち止まっていたら、ここの職員さんやろか俺より歳は少し上かな、若い姉ちゃんから声をかけられた。

「あのう〜、れんげの里のお客様ですか」にっこりとした顔で俺にそう言う。

こんな田舎にしては結構可愛い女の子だった。これが国語で習った「雛には稀な美人」ということか……？

「は、はい。あのう大阪の高橋先生の紹介で森吉先生を訪ねてきたのですけど、森吉先生を呼んで下さい」道すがら何度も練習してきた言葉を何とか言えた。

「森吉さん……今日は見えてなかったようだけど、前の事務所で聞いてみて下さい」と言うと、彼女はスライド式の門扉を開けて俺を正面にある棟（「やるき棟」と書いてある）に案内してくれた。

前を歩く彼女の後ろ姿は、ポニーテール風の髪型、ダルメシアン風ドット柄のシュシュが妙に眩しく見えた。「俺こんな可愛い女の子がいる職場やったら、一ヶ月どころか三ヶ月位は働けるかもしれん」

「森吉さんか。今日は、休みよ……」

事務所の中から胡散臭そうな目で俺を見ながら、それでいて馬鹿に張り切った声の大きい元気のいいおばさんが、受付の窓を開けてこう言った。

「えぇ～留守～」俺は無性に腹が立った。朝七時に大阪を出て八時間かけてやっと、この「れんげの里」に着いたというのに……森吉先生は休みかい～。エ～マジか～。思えば九時頃、松阪でうろんを食べただけや、飯らしい飯も食ってない。こんなに苦労してきてみたら森吉先生は留守ときている。あ～もう最低、俺はどうすりゃいいんだ、落ち着け…。もう一度メモを見直すと森吉先生の横に、又はと小さな字で渋谷先生と書いてある。

「あのう～渋谷《しぶたに》先生は見えますか」シブヤかシブタニかよく分からんが、この事務所のハリきりおばさんに聞いてみた。

「え～しぶたに、そんな名前の職員は？　ちょっとそのメモ見せて」俺の手からしゃくるようにメモを取り上げて彼女は言った。

「渋谷か……？　うちの職員でこの字を使うのが二人いるんや。一人は渋谷浩史《しぶやひろし》、もう一人は渋谷哲夫《しぶたにてつお》。シブヤかシブタニかどっちやねん？　はっきりし」

ぎょろっとした眼で睨まれると、さすが浪速育ちの俺もぎょっとした。

「さぁ～」俺が困った顔で言うと、おばちゃんは、ず～っと睨み付けている。

それでも気の毒に思ったのか、今まで面倒クサそうにしていたおばちゃんが、「哲夫さんは今日は早番で帰ってるけど、浩史さんは、ゆうき棟にいるから聞いたるわ。

ちょっと待ってな」携帯で電話をしてくれた。おばさんの持っている携帯のダサさから見て、一昔前のもの、社内用かなと思った。

「浩史さんに聞いたら、あんたのこと知ってたわ。森吉さんの紹介で、この施設で、ボランティアで働くのやてね。採用するかは、あんた次第や。今、浩史さんはちょっと手離せない仕事をやってるんで、少し待っとってと言ってるわ。まあとにかく事務所に入って」

やっと俺の存在がはっきりしてこの事務所の奥にある小さな部屋に案内された。

「よっさん、悪いな、お客さんや。物かたづけて部屋に戻りや。今日はこれでお終いや」

奥の部屋に通されると、三十歳ぐらいだろうか、俺にとってはどうみてもおっさんや。坊主頭の顔が超怖そうだが、こんな顔は大阪では何度も見て慣れてるわ。イヤホンでラジカセを聞きながら、NHKと書いた本をさかんにペラペラめくっている、よっさんという先客がいた。

多分、何かを調べているのかそれとも勉強しているのか、その時、俺は思った。

よっさんというおっさんは、このおばちゃんの一言で、一瞬俺の顔を見たが、「アイアイアイアキジ〜」と何か訳の分からん呪文を言いながら、机全体に並べられた雑誌やら週刊誌らしき物やらＣＤ・ラジカセ等を慌てて片づけ、二つの大きな紙袋に、がさっと入れた。

溢れるほど入った紙袋を両手いっぱいに持って、袋に入りきれない物は口にくわえて、彼は何かぶつぶつ言いながら部屋を出ていった。

こいつ変わったおっさんやで。でもこの年で勉強するだけは、大したもんや。俺なんか勉強はいつしたかな。多分、中学校の一年ぐらいやったな。あとは本などまるで開いたことはなかったわ。勉強するだけあんたは、立派や！

「あんた、森吉さんの紹介でこの施設に見習いに来たんか。ここは、静かでええとこやろ」この女性、後で知ったのだが泣く子も黙るという事務長の関戸佳子さんやった。ここの施設ができた時からの大先輩で、ここの連中も関戸さんには頭が上がらんらしい。関戸さんの前では皆直立不動や。

関戸さんはメディウスの香りを漂わせていた。野後について初めて感じた香水の香り、大阪では十代の香り。このオバちゃんいま歳ナンボなの？

「うちな、関戸というんや。よろしくな」そう言うとお茶と丸い塩せんべいを出してくれた。

腹の虫が、大きくきゅ～と鳴いた。

それに気づいた関戸さんが「あんたお腹空いとるのと、違うか？」

「十時頃、松阪でうろんを食べただけで、めっちゃ空いてる」正直に答える。

「分かった。厨房のおばさんにおにぎりでも作ってもらったるわ」そう言うと関戸さんは部屋を出ていった。

しばらくすると、海苔を巻いたお握りと沢庵が乗った皿を持ってきた。

「何にもなかったけど、これでも食べたら」

関戸さんは見た目よりもずっと優しかった。昔、俺が腹すかして、どうにもならん時、ジャンジャン横丁のシカエおばちゃんが、大きなおにぎりをくれたことがあったが、関戸さんはシカエおばちゃんと同じぐらい優しかった。

なんでもないただの塩おむすびだったが、朝からうろんしか食べてないせいか、それともホンマに味がいいのか、食道楽と自慢している大阪の料理より俺にとっては、このおにぎりの方がはるかにうまい。この世の中に、こんなうまいものがあるかとホンマに思った。

「浩史さん、手が離せんのでこの施設のサビ管の藤田さんを紹介するわ。ちょっと待っててな」そう言うと関戸のおばさんは出ていった。

入れ替わりに入ってきたのは、顔は優しそうだったが、元気もりもりなおばちゃんが俺の前に現れた。

「あんたか！　森吉さんの紹介で、今日からボランティアに来たのは。浩史さん手離せんから、ちょっとれんげの里について話しといてと言うから、説明しとくわ。私は藤田由子というのや、そうや、あんたの名前を聞いてないいな」

「俺……ですか。相武隆司《あいむたけし》す……」そう言えば自分の氏名を言うなんて高校の入学時代以来や。大阪では隆司…タカで通っていた。フルネームで言うのは少々照れるわ。

「あんたな、何をにやにやしてんのや。ここはな、俺じゃなくて私と、チャンと話の前には付けるんや」きりっとした顔で俺を睨みつけた、さすがこの施設のサビ管や。

ところでサビ管て何やろ！

（サビ管とは、正式名称「サービス管理責任者」という資格を省略したもの。あらゆる障害者福祉において、支援内容を細かく計画し、家族や本人と話し合いながら支援を実施するが、その実務におけるリーダー的な役割を担うのがサビ管。つまり、「福祉サービスの提供」を「管理する責任者」である）

「あんたな、この施設は何の施設か分かっとるか」

「えっと、よく分かりません。障がい者を訓練するとか、ここで手に付く仕事を覚え

る施設ですか？？」そういや何も聞かずに俺はここへやってきた、と首を横に振り答えると、

「このな、れんげの里という所は自閉症の子達の入所施設や、分かるか？　自閉症の子達が楽しく幸せに生活するための施設や、分かるか」

「はい、俺……いや私も自閉症でした」

……そうか自閉症の施設なのか。そういえば俺が登校拒否で家から出なかった時に、担任の桑山という先公が「隆志は家に閉じこもってばかりで自閉症や」と決めつけた事があった。ここの連中も俺の仲間やな。俺はここに働きにきたのと違って、生活するために来たのやろか。

「あのう～、私も大阪では引きこもりが多くて自閉症と言われてました」俺はおずおずと藤田さんを見ながらそう言った。

「それは違う！　あんたのは自閉症と違う。世間では間違って、うつ病やひきこもり、内気な性格を指して自閉症と呼ぶが、それは医学的には完全に誤った用語や。あんたの場合は単なるサボり癖、勉強したくなくて家でうざうざしとったんやろ。違うか(笑)、そうに決まっとるわ。医学的に自閉症というのはな、先天性の脳機能障害のことや。社会性や他者とのコミュニケーション能力に困難が生じる障害の一種で、あん

たとは違う。あんたとはこうして話もできる。きちっとコミュニケーションも取れる。あんたは、ここで利用者さんになるのではなくて、ボランティアとして利用者さんをサポートするために、手伝ってもらうのや。分かっとるの？　あんた森吉さんに何にも聞いてこなかったの？」

「あのう～、森吉先生に俺は、いや私、会ったことあれへん。高橋という俺の担任のダチやということだけ聞いて、お前のことは森吉先生に頼んであるので、ここへ行って働いて勉強してこい、と言われてきただけです」

「ほんまか！　あんたな、ここはなかなか社会で受け入れられない子達や、取り残された子達のために、特にな、自閉症の子供達の人格を尊重して自分の能力を生かして人生を送るように支援するのが私らの仕事なんや。そのために君もな、障がい者の生きていく困難さを理解して心豊かに生活が送れるように支援するのが、ここの仕事や。もう一つは障害を単に個人だけの問題としてとらえるのではなく社会全体の問題として、障害がある人達が受けいれられる社会づくりに努めようという崇高な理想の施設なんや。分かる？」藤田さんが目を大きくして熱を帯びて俺に話しているが、いまいち俺は理解できないでいた。

「俺にはまだよく分かりません。俺……福祉のことは、よく分からんし専門家ではないし、ホンマここでやってけるのやろか」自信満々の藤田さんに圧倒されながら、やっとそれだけ言えた。

「この施設はな、障がい者、特に自閉症を持つ親がとてつもない苦労を重ねて施設の設立運動をし、それに森吉さんらが一緒に支援して二十数年もかけて、やっと設立した施設なんや。金銭的にも四十数人の親の負担も大変やったそうや。いまだに保護者の皆さんは設立の時の借金を背負っている。行政が金のことを心配せんと税金で設立した格好いい施設と違って、全てが手作り、全てが試行錯誤。毎日が目新しい問題の連続で、何から始めたらいいのか。まったく右手で辞書、左手で実践、歩きながら考える、そんなスタートやった。初めはホンマに素人の集団で、私らも自閉の子らと、どう付き合ったらいいのか、ただオロオロしたり、立ち止まることも、ものすごくあったわ。でも当時の施設長の森吉さんや事務長をしていた永田俊哉さんらに教えられ、上田理事長ら役員の応援もすごかったわ。そうして少しずつこの施設は役員や保護者に認められ、歩んできたんや。毎日が仕事に追い回されて、あっという間に十数年が過ぎてしまった。この間に森吉さんも永田さんも定年になって三年ほど延長してくれたけど、今は森吉さんが理事長に、施設長に若い渋谷浩史さんに代わった」

俺は初めて、ここの施設長が渋谷浩史さんということを知った。

この施設に来てから、誰がこの施設の偉いさんか全く分からなかった。この施設では〇〇さんと呼ぶだけで、肩書ではまったく呼ばないけったいな施設や。

「渋谷浩史さんが施設長さんですか？」

「そうや。でもな、ここではいちいち施設長なんて堅い呼び名はしてへんわ。皆仲間やという意識が強い。利用者さんも保護者さんも職員も……みんな「〇〇さん」や。肩書があると、どうしても上の人に遠慮して提案や意見など、思っていることをはっきり言えんことがあるやろ。肩書抜きで話すると自由に何でも話しができる、もちろん前向きの話やけどな。上の人も下からの話を気楽に何でも聞き入れてくれる。こんな自由で自分の意見を言える職場って、私の経験からもそうはないわ。相武君も渋谷さんとか浩史さんて呼んだらいい。彼は人間的にも優れているし、気楽な人や。

それとな、彼も私もここにいる多くが福祉のプロでもない。福祉の学校で勉強してきた人もいるけど、それはホンのわずかや。君も福祉はよう分からんて言うてるけど、分からんでもいいのよ。そのうち利用者さんやサポーターと付き合い、彼らの行動を見ていれば自然と分かってくるわ。福祉は学問と違う。毎日の体験やと私は思うわ。彼らの生活や思いに、どう支えになればいいのか、どうしたら彼らが豊かな毎日を送れるか、考えて実行することや。そうすると、自然と仕事も覚えてくるわ。いま大事なのは他人の痛みや、悲しみ、苦しみを自分の問題として捉え、どうすれば彼らが楽しく幸せに暮らすことができるか、考え行動することや。彼らの現在、将来をどうサポートしてやればいいか考えることや。

私らも彼らも同じ人間や、えらそうに訓練するなんて大層なこと考えたらあかんわ。利用者さんの難しいところをどうやってうちらが手伝ったらいいのか、どう補ってやればいいのかと考えることが大切だと思う。れんげの職員はみんな森吉さんや永田さんからそう教わってきたのや。君も慌てんでもいいから彼らの視点で物事を考えてやってくれればいい」

熱弁をふるう藤田さんが輝いて見えた。彼らの視点で考えるという藤田さんの言葉が、まだ俺にはホンマに分かっていなかった。

「人の過去なんて自慢して言う人もあるけど、うちの浩史さんの話は、彼も話したがらんことやけど、内緒やけどな、今の所長の渋谷浩史さんは、いや私らは日頃から浩史さんと言ってるけど。浩史さんは、森吉さんや理事や評議員の方、保護者の方からも大変厚い期待を以て二年前、森吉さんから施設長のバトンを受け継いだ。彼は学校卒業後は印刷会社に入社したんや。しかしこの職場は彼にとって物足らぬことがあったのやと思うわ。何があったか彼に詳しく聞いたことはないけど、仕事も覚えてこれからという六年目に、この会社を突然退社した。同時に三重からもいなくなった。

彼はどこへ行ったと思う。当時のことに詳しい友人から聞いた話やけど、今までの会社に何か満ちたらぬ事があったのやろ。その時、彼は『自分にとって何が満ち足りた人生なのか』を求めて、日本からリュック一つ持って飛び出しオーストラリアへ旅立ったそうや。オーストラリアには羊の牧場が沢山ある。世界屈指のメリノ種を育てる国や。シドニー郊外のトビブロックという三千エーカーからなる広大な牧場で自分の求めているものが何かを見つけるために、彼は身を粉にして働いたそうや。昼間は羊や牛達の世話で精一杯。仕事が終わった時は、もう足腰がガタガタで立っているのも辛いぐらい疲労困憊だった。

そんな毎日、何も考える暇なんてなかったそうや。渇ききった唇を潤すための水も乾燥した豪州の牧場では、貴重やった。井戸水なんてそんな洒落たものはない。少ない雨水を溜めておき、それを飲むのや。汚いとか不衛生やどうのってもんじゃない。泥水を啜ることもあった。しかし、生きるためにはそれを飲むしかないんや。お風呂なんて入ったことはない。一週間によくて二日か三日しかシャワーに入れん。それも隅々まできれいに洗うなんてことはできん、汗を流す程度や。家の壁は板一枚貼ってあるだけや。隙間だらけで、夜は藪蚊や虫達に眠りを妨げられることも毎晩のようだったが、昼間の疲れで虫達と遊んでおられるような状態じゃなかった。ベッドに入れば、蚊に刺されようが蚤や南京虫に刺されようが、翌日まで死体のごとく、ぐっすり爆睡した。そんな大変な生活が彼の考え方を大きく変えていったのやと思うわ。豪州での経験が、この施設ですごく役立ってると思う。

帰国してすぐ平成十二年末の事やった、彼にとって大きなチャンスがあった。遙宮町に自閉症の子供達の入所施設が出来るという話を、近所にいた看護師の尾上さんに聞いた。いろんな施設の話も聞いたが、ここの施設の考え方が素晴らしかった。①利用者がいかにして心豊かな生活を送れるか。②利用者の家庭をそのまま施設に再現する。③利用者の視点に立った施設運営を行う。れんげの里の考え方は、彼にとってものすごく斬新やった。こんな考えの施設があるんや、この施設なら自分の充実感を、れんげの里にぶつけることができるかもしれん、彼はそう求めたそうや。

あんたも、大阪で何してたか知らんけど、ここで目いっぱい働いたら今までの人生と違う、充実したものを見つけられると思うわ。こんな施設はめったにない。ここで経験できるのは幸せやで。この施設は、自分にとって何が幸せか、何が充実したものか、何年かかってもいい、ゆっくりと探してみればいいわ。そしたらきっと答えが見つかる。君の担任が森吉さんに託した何かがね……」

藤田さんは、俺を諭すように自信満々に話してくれた。

「うわ～、もう五時やがな。浩史さん、何してるんやろ。えらい遅いな。あんた忘れられてるのと違うか。ちょっと電話したるわ」

藤田さんは、施設内のちんけな連絡電話で浩史さんを呼んでくれた。

「ごめんごめん、悪かった。ちょっとな利用者さんの一人にパニックが起こってな。話聞いとったら、すっかり君のこと忘れてしまった。悪い悪い。相武隆司君ていったな、森吉さんの友達の紹介だって。高校卒業したばかりで何もよう分からんけど、いろいろ教えたってほしいと伝言があったわ。まあ今日は遅いんで詳しいことは明日にしよか。泊まる所がないのやな？」

「え～俺はどこで泊まるんですか、決まってないんですか？」

どうも連絡がうまくいってないようである。高橋の野郎どんな話をしてるんや。そういう俺もメモ一枚で、詳しい事は何も聞かずに、ここへやってきたのやからしょうないか。

「相武君な。今日は悪いけど、この棟の向こうに「こんき棟」という棟がある。ここのサポーター室に簡易ベッドがあるんで、そこで休んでくれ。布団も毛布もそこにあるから、使ってくれ。詳しいことは、こんき棟に北沢さやかさんという女性の職員がいるので彼女に聞いてくれ。君がここで何をするか、詳しいことは明日話そう」

こうして今夜の俺の宿泊となる「こんき棟」という場所に連れていかれた。

「こんき棟」はこの施設の生活棟四棟の中で唯一、二階建ての建物である。

「この棟はね、サポーター室、談話室（食堂兼・リビング）とお風呂、トイレ、個人の部屋十室が設けられ、プライバシーを重視した三重県では初めての、一人一部屋の小舎制の棟なのよ」

と部屋を紹介されながら、すらっとした長身の北沢さんが胸を張って自慢していた。

大阪で当たり前のように生活してきた俺にとって、大部屋やら個人部屋やら小舎制などというものがどんなものかよく分からなかったが、彼女が京都の大学を卒業してこの田舎にやってきたのは、よほどこの施設の理念に魅力があるのだろうか。彼女が自慢するほどのものなら凄い事なのだろうと、勝手に俺は解釈した。

北沢さんの話は続いた。

「この施設の素晴らしいことは、平成十三年四月一日（日）自閉症児（者）を持つ親達の十五年間の苦労が実って、この奥伊勢、度会郡遙宮町大字野後の地に自閉症の方の入所施設「れんげの里」が開所したことなの。

普通はね、知的障がい者の施設の多くは行政の手で作られるのだけど、管理する側の都合で施設を作るから、利用する人にとっては住み辛い、息のつけない施設が多いのよ。でもこの施設は、自閉症の人達が自分の家に住んでいた部屋を再現するようにと、聞いた話だけど自分の部屋を再現するという思いは自閉症の子達が落ち着いて「れんげの里」で最高の生活ができるよう、彼らの好きな色、好きな家具、自分の持ち物など全てその子の今まで過ごしてきた環境をそっくり持ち込むことができるようにと、親さんや関係者によって配慮された施設なのよ。

時間があったら利用者の方の部屋を覗いてみるといいわ、みんなそれぞれ特徴のある部屋になってるから。だからこの施設では、利用者さんが心安らかに暮らせるからパニックを起こす人が他の施設よりずいぶん少ないのよ。てんかんの発作なども、この施設に入所して、ほとんど起こさなくなった人も何人かいるのよ」

北沢さんがまた胸を張った。次々と専門用語らしい言葉が彼女の口から出てくる。

「あのう、質問していいですか。パニックって、パニクルってことですか。俺もよくパニクルけど」俺は恐る恐る質問した。

「ちょっと違うかな？　パニックは、よく心の病って言われているけど、最近の研究では脳機能障害として扱われるようになっているのよ。多くは日常のストレスや、不安感が原因の一つとも言われているようね。

この施設でも設立当時は、家を離れて、先の不安とか、心細さとかいろんな不安により、パニックを起こす利用者さんも多かったようだけど、森吉さんはじめ職員も彼らの視点に立ってどうしたら不安を取り除いてあげるか、彼らの生活、毎日が幸せであるよう一生懸命この問題に取り組んだわ。それこそ彼らの気持ちになってよ。利用者さんより十歳以上も若い職員が異性ってことをおくびにも見せず、母親の気持ちになって、時にはハグしたり、眠れない利用者さんを眠るまで一緒に横になって付き合ったり、献身的だったそうよ。今ではほとんどの利用者さんが、この施設が自分にとって最も暮らし良い、楽しい施設であることを認識しだしたのね。当然パニックも起こさなくなったわ。多くの利用者さんも実家と同じように居心地がいいと思ってる人も増えているようよ。この施設で楽しみ、安らぎの家になっているのね」

北沢さんは目を輝かせながら、その言葉は自信に満ちていた。

俺にはまだ分からん。こんなド田舎の何がいいのだろうか、考えると腹の虫が「グ～」とまた鳴いた。

「お腹空いてるようね。ここには何にもないけど、虫押さえにこれでも食べたら」と、北沢さんがアーモンドチョコレートを俺の手に二個のせてくれた。

その後も北沢さんは、各部屋の見回りやお風呂に入る人の世話や眠れない利用者に声をかけたりと彼女の仕事をこなしながら、この施設についていろいろな話を俺に聞かせてくれた。

午後九時三十分、交代の深夜勤務の大島憲士さんという男性職員が来ると、その日の引き継ぎを終え彼女は帰っていった。

午後十時過ぎに、大島さんは「君は、このこんき棟で休んでくれたまえ。僕は隣のげんき棟にいるから、何かあったら連絡してくれたまえ」そう言うとげんき棟に行ってしまった。

後に聞いた話だが、大島さんは北陸の出身で、障がい者と地域の人達との共生とは何か？　障がい者の方の真の施設を求めてこのれんげの里で頑張ろうと、この地にたどり着いたという。

初めてこんき棟での宿泊、大丈夫なんだろうか。この棟には十人の利用者がいる。何かあったら大島さんに連絡すればいいとは言ったが、どんなことが起こるのだろうか。不安が俺の頭をよぎったが、朝から今まで俺の前に起こった数々の事件の疲れか、ごつごつする堅いベッドも気にならず知らないままに眠りに入っていった。

第二章　夜中に起こった幾つかの事件

次に俺が目を覚ましたのは、夜中の一時頃のことだった。

隣のリビングで歩き回る音、水道が出る音や他にもガタゴトと音がする。こんな夜中に何事だろうか、泥棒でも入ったのだろうか。ベッドから身体を起こしたが、何となく次の一歩の行動ができず、耳を澄ませ様子を見ていると、しばらくして不審者は、こんき棟を出ていった。

「これは、何かある」そう思って慌てて俺も外に飛び出し追いかけると、暗くてよくは見えないが後姿からも、その不審者は男子のように見え、早足で管理棟に入っていくところだった。

泥棒だったら大変だ。棒切れのような物を探したが、障がい者の施設である、そんな物騒なものはどこにも置いてない。

不審者らしき男は、一階の会議室辺りをうろうろしているが、何かを物色するような感じもない。どうしようか、飛びこんで捕まえようかと躊躇していると、いつの間に来たのか、後ろから大島さんが声をかけてきた。

「あれは、利用者の高岡君や。眠れないので、その辺りをうろついているだけや。よくあることや、大丈夫や。僕があとは見とくから、君はもう休んでくれ」そう言うと大島さんは管理棟へ入っていった。

家庭で親の愛情いっぱいで育てられた利用者が、気がついた時は、れんげで一人ぼっちになっている。夜中にふと目を覚ました時、どうしようもない寂しさが湧き出でてくる。そんな時に徘徊するのだろうか……何かを求めて。

こんき棟の職員ルームのベッドに戻ったが、そんなことを考えていたら、今度はなかなか眠ることができない。遠くで動物の鳴き声だろうか、昼の県道であったニホンザルが鳴いているのだろうか、時々奇声も聞こえてくる。何の声だろうか？

気になれば気になるほど目が冴えてくる。身体はしんどいのに眠れない。そんな時に「羊が一匹、羊が二匹と数えてると、知らないうちに寝ていくものだ」と雄介というダチが言っていたのを思い出してやってみるが、羊が三百十匹まで数えて、あほらしくなってやめてしまった。益々頭は冴えてくる。

眠れないまま俺は職員の机の上に置いてあった福祉何チャラ法とかいう法律の本なのだろうか、ちょっと失敬してベッドに横になってペラペラとめくって読んでみた。

「何やこれは。難しすぎるやないか」これは大阪のやぶ医者に貰った睡眠薬よりず

～っと効果があった。二頁ほど難しい文字を目で追っている間に、俺の目は上下が完全に閉じてしまった……バタンキューである。

次に目が覚めたのは、辺りをつんざくような、けたたましい非常ベルの音だった。

「え～、なんや、何や～」

時計を見ると夜中の三時頃、突然の非常ベルにベッドから飛び起きて入り口を見たが、よく分からない。俺が住んでいた大阪なんぞは、せいぜい救急車かパトカーのサイレンの音が聞こえるぐらいで、アパートのコンクリの中にいる俺にとって、それ以上の音など経験がない。

起き上がってしばらく入り口の方を見ていた。耳をじっと澄ましても外では、誰一人起きてきた様子はないが、相変わらずけたたましいベルの音だけが鳴っている。この棟の住人達も宿直の職員も、こんなバカでかい非常ベルの音に誰も起きてこない。

火が出ている様子もない、火事ではなさそうだ。このところ天気が続いていた、土砂災害ということもないな。そういえば、この施設に来るとき猿の親子を見た。猿の他に猪や鹿や熊もいる？　ひょっとしたら、熊あたりが侵入してきたのだろうか？　それとも人間か、泥棒？

俺の頭は少々パニックになっていた。防戦できる武器のような物はないだろうか、周りを見るがそんなものは何も置いてない。こんなことなら三日坊主やった柔道のおけいこをもう少し熱心にやっておけばよかった。どうしよう『え〜い何とかなるか』取りあえず外に出て様子を見よう。俺はやっと決意し、パニックの頭と心臓の動悸を感じながら棟の前の広場に飛び出していった。

周りを見たが辺りは静まり返っているだけで、事件が起こった様子はまるで見えなかった。

満天の空には無数の星がキラキラと輝いている。生まれて初めて星がこんなに近くに見えるのを知った。綺麗や。星の美しさとは裏腹に、静まり返った施設の中では、非常ベルが相変わらずけたたましく鳴ってはいるが、他は何も異常がない。しばらくすると、そのベルも止まった。

俺は今度は静まり返った施設の広場で星を眺めながらボ〜ッとしていると、管理棟から「目が覚めたか。また田中君のいたずらや」と大島さんがやってきた。

「起こされたか、悪かったな。利用者さんの中に非常ベルを鳴らす子が一人いるのだ。初めはみんなこの音に騙されて飛び出してきたけど、この頃はすっかり慣れてしまって一人も起きてこない。ベルを押してる子も皆がびっくりして騒ぐから面白がってやるんだろうが、家から離れて寂しさを紛らわすために鳴らすのかな。最近は誰も驚かないからこのいたずらもなくなっていたんだが、多分、新入りの君が今日入ってきたから、その歓迎でやったのかもしれんな」大島さんが笑いながら俺に言った。

「どれ、いたずら坊主にお灸をすえてくるかな」そう言うと彼はこんき棟の隣にある、げんき棟に入っていった。やれやれ〜そんなことか。

再びベッドに入った俺だが、こんな事件ですっかり目が覚めて、長い時間をこの棟の狭い部屋で過ごすことになった。

大阪と違って、この三重県という地域はいつまでも時計が止まっている。やれやれ長い一日がやっと終わった。午前五時、窓から光が伸びてきて俺の顔をやさしく撫ぜていた。

第三章　れんげの里 第二日目

れんげの里の朝は早い。午前五時、小さな窓から朝日が伸びてきて、やさしく俺を起こした。

昨日の朝は、遙宮町に行かねばと、お母んとお姉がなかなか目を覚まさぬ俺を叩き起こしたが、こんなに早く起きたのは生まれて初めてや。しかも自分で目が覚めた。

ホンマ奇跡や。多分、俺の腹の虫が騒ぎだし、いつまでも鳴きやまらなかったせいかもしれない。

身体を起こすと何人かの利用者が起きているのか、この棟の中でも、ガタゴトと音がしたり、誰と話しているのか笑い声や奇妙な声も聞こえてくる。

「ここは大阪と違うねん、遙宮町や」俺は自分でそう言い聞かせながら、身体を起こした。

芝生の庭に出ると、真っ青な青空と眩しいほどの太陽の光が俺を迎えてくれた。こんな景色を見るのは、初めてや。なぜか気持ちがよい。

一人の青年が管理棟の中を覗いて、何かさかんに言っていた。

昨日は人とほとんど会話をしなかった俺にとって、妙に人恋しい。彼と何かを話そうと、早速「おはよう」と挨拶する。

俺の挨拶に振り返って一瞬俺を見てニヤッと笑いながら「о～ш～ю～о～ш～ю～」としゃべった。何を言ってるのか全く聞き取れないが、これが彼の挨拶なのか？

「なに～なに？　なんて言ったの」俺は問い返したが彼はもう俺を振り向かなかった。

後で聞いた話だがそこは厨房で、お腹を空かした彼が出来上がるのを待っていたのだろうか？　さかんに「о～ш～ю～о～ш～ю～」と訳の分からない言葉を発していた。

管理棟の裏側に回ると一人の青年が砂をいじって遊んでいた。しばらく彼の行動を見ていると、何度も何度も手の平に砂を乗せパラパラと上から下に落とす、その繰り返しである。

「おはよう」彼に挨拶をしたが、全く振り向きもしなで無性に遊んでいる。

「何してんだよ。それって面白いか?」無視されている俺は少々腹を立てながら彼に向かって言うと、彼は知らんふりして遊びをやめて、棟の中に入っていった。

なんだよ、ここの利用者は。昨日も藤田さんが、彼らの視点に立って物事を考えるようにと言ってたけど、どうすりゃいいんだよ。

挨拶をしても全く返事がない。そういえば大阪にいた頃の俺も今まで挨拶もしなかったな。近所の豹柄服を着たおばちゃんから「隆司、挨拶せんか」とよく言われた。先公からも「お前はアホか、挨拶も出来んのか」なんて言われると、無性に腹が立って反発して、絶対挨拶なんかしてやらん無視したると思った。

彼らも反発しとるのやろか。そんなことを考えながらこんき棟に帰ってくると、入り口で三十代ぐらいのニヤニヤした、おじさんにあった。

「おはようございます」と俺が頭を下げながら言うと、そのおじさんは目線を外しながら「キクチメガネ」と言った。

「な〜にキクチ」と俺が聞き返すと、彼はまた「キクチメガネ」と言う。

「キクチメガネがどうしたの」俺が問い返すとまたまた「キクチメガネ、アツミメガネ」と今度は眼鏡屋の名前が二つになる。

「何……何……キクチメガネかアツミメガネなの」俺の問に相変わらず彼は視点を合わそうとはしない。そうこうしている間に彼は、「キクチメガネアツミメガネ」と言いながら管理棟の方へ歩いていった。

この施設、何やね、よう分からんわ。昨日、藤田さんが言っていた自閉症の子は社会性や他者とのコミュニケーション能力に困難が生じる障害の一種って言ってたが、こういうことやろか。ホンマに俺の頭がおかしくなってきた。

部屋に戻って布団を片づけていると、大島さんがやってきた。

「夕べはいろいろあったから、ゆっくり休めなかったやろ。眠くはないかね」心配そうに大島さんが聞いてくる。

「あ…はい大丈夫です」調子は決して良くないが無理に元気そうな声で俺は答える。

「ところで飯は何時からです?」

俺は腹の虫を抑えながら、厨房を見ながら大島さんに聞いてみる。

「七時半頃かな、まぁもう少しやから」

おいおいまだ一時間も経ってないぞ。あと一時間半も、腹の虫をなだめにゃいかんのか。

昨日までは目が覚めるのが十一時頃で、朝飯なんて食べたことのなかった俺だが、規則正しい生活をするということは、こんなに腹が空くものなのか。何か食べたくても、この周りには店もない。あの駅の側のコンビニ、なんていったかな。あそこまで行かにゃいかんのか。あそこまで行く元気もないわ。ひたすら耐えるだけか、しんどいこっちゃ、これが勉強か？　修業か？


午前六時頃になると、上野是《なお》さんというサポーターがやってきた。そうそう言い忘れたが、この施設の職員は皆サポーターさんと言うらしい。他の施設やと、肩書で言ったり先生と言ったりで、俺のようなぺーぺーには上下の関係で肩がこるが、この施設では全員「……さん」だ。これは俺にとっては気を使わんでもいいし、一番に気に入ったところだ。

「君のことは浩史さんから聞いている。九時になったら管理棟の連中が出勤するから、それまではこんき棟でゆっくりしていればいいよ。利用者から何か言ってきたら君なりに対応してくれたらいい。分からなかったら僕に連絡してくれ」

そう言うとサポーター室に入りコンピューターを立ち上げ、前日からの引継ぎを頭に入れているのだという。

何もすることがないので朝、俺が経験した三人の利用者の人達について上野さんに聞いてみる。

「ここの人は挨拶もしないのですね、今朝も三人の方に『おはようございます』て、言ったんですけどね、振り向いてもくれなかった。俺が新人なので無視してるのかね。そういう俺も大阪に居た頃、近所のおっさんやおばはんからしつこく挨拶され面倒くさくて無視した事があったので、偉そうなことは言えませんけど」

「いや、君が面倒くさくて無視した事とはちょっと違うな。君の観察不足だ。彼らの中には言葉をしゃべることができない人も結構いるし、でもよく見てたら、ちゃんと頭を下げて挨拶していると思うよ。言葉が出ても会話にならない子も沢山いる。君が『おはようございます』と言ったら、『おはようございます』とやまびこのように返ってくるぐらい、すぐに『おはようございます』と言う子もいる。でもそれは挨拶してるんじゃない。会話じゃないんだ。その子に次の言葉、例えば『よく眠れたかい』と聞くとするだろう、すると彼はまたすぐに『よく眠れたかい』と返してくる。けっして『よく眠れました』とか『ぐっすり眠れました』とは返ってこない。おかしいだろう、やまびこやオウムのように君が言った言葉と同じ言葉を返してくるのだ。これを自閉症の中では『反響言語』とか『オウム返し』などと呼ぶのだ。反響言語は自閉症障がい者の特長の一つなんだよ。

この本は、うちの施設が毎年二月頃に前施設長の森吉さんの発案で、他の福祉施設さんの職員さんやヘルパーさんなどに発信する『ヘルパー講習会』の受講書なんだ。朝食まで時間があるからちょっと読んでみたら、少しは自閉症というものを理解できると思うよ」

そう言うと、上野さんは書棚にある「ヘルパー講習会記録」という冊子を俺に渡してくれた。

最初のページを開くと目次がある。難しそうな課題が俺の目に入ってくる。勉強拒否症の俺にとってわずか四十数ページの小冊子ではあるが、拒否反応が出てくる。目をそらして冊子を横に置くと、見かけた上野さんが「あんまり読みたくなさそうだけど、嫌いな野菜も食べれば力になる。少しでもいいから読んでみたまえ」こう念を押されると横に置くこともできない。少し読んでみるふりをする。

一頁は、「初めに」と題された高橋の友達の森吉さんの文だった。

「れんげの里は彼らの今の生活を護りつつ、各自が望む、町で働き暮らすことができるような資源を作るための拠点と位置付け運営しております。平成十六年より支援費制度が導入されホームヘルパーを利用した地域での新たな暮らしづくりが始まった。このため多くのヘルパーさん達も障害のある人達を支援する機会が増え、新たな分野での支援の難しさに立ち向かうことが多くなってきた。特に難しいのが自閉症者への支援であろう。そのため私達は彼らを直接支援するヘルパーさん達に、より深く自閉症のことを知っていただき、地域での彼らの幸せな暮らしを創る大きな支えになっていただきたくこの講習会を開催した。我々も日々の取り組みを一般化して再度現場の力としていくサイクルを強化する機会としていきます」というような文だった。

二頁目は、森吉さんの片腕と言われた永田俊哉さんの「自閉症の理解と支援について」だった。これは十頁からなる講演録であるが、またまた拒否反応が俺の体から湧き出してくる。四頁ほど流してくると「自閉症の大きな特徴」という文字が目に入ってきた。

一つ目は、

総合的な対人交流が困難。一方的に人に話しかけたりして、言葉のキャッチボールが難しい。「そうか今朝のキクチメガネのおじさんだな」

自分の聞きたいことや言いたいことについては会話も結構可能だが、ただ相手の言うことを聞くことが苦手で、言葉のキャッチボールを続けることが難しい。

二つ目は、

コミュニケーションの障害。これはうまく人と心を通じ合わせることができない。特に言葉、言葉による関わり合いが難しい。「今朝の二人の青年がそうだったかな」

三つ目は、

興味や行動の幅が狭く、繰り返しやこだわりが多い。これら三つの領域の具体的なこととして視線が合わない。「なるほど昨日会った人達も今日会った人達も、誰一人俺と目線を合わした人はいなかった」

表情が豊かでないというか平坦な感じ、視線や見るものに総合的な交流を持つことができない。

我々が話をする時、人の顔を見て目を見てどんな反応をするかなと見て話をする。時にはジェスチャーを交えて、手や体を使っていろんな形で相手に気持ちを伝える。そういうことをすることが、自閉症の方は非常に難しい。

楽しみ、興味、達成感を自分から共有することを求めない。『連帯感』というものがない。例えばクラス対抗の競技でみんなで応援する、そういう共有するものがない。

対人交流における競合性が乏しい。

ここまで読んで、俺の乏しい知識力と理解力はすっかりパニックになっていた。『自閉症ってメチャ難しいわ』もうちょっと学校で勉強しておいたらよかったと、反省・反省である。

自閉症という俺にとって未知の分野ではあったが、待ちに待った朝食の時間となり俺は「こんき棟」の利用者の人達とリビングで顔を合わすことになった。

朝七時三十分「悪いが厨房まで立山さんと朝食を取ってきて」と上野さんより指示があった。

立山あつ子さん、このこんき棟担当の職員と紹介された。彼女は「れんげの里」が出来た平成十三年よりこの施設で働く第一期生である。名古屋の大学で福祉の勉強をしていた頃、この施設の募集があり、この施設の理念「れんげの里が目指すもの」に自分も貢献したいと応募したと俺に教えてくれた。

ここの職員さんは、皆すごいわ。何故ここで働くのかという信念が、福祉のことをよく分からん者でも、ひしひしと情熱のようなものが伝わってくる。

俺のようなものがここで働くことがホンマにいいのかと、またまた不安がよぎる。

「さあ、君もこの車押して」厨房から立山さんが、ご飯の入ったジャーと味噌汁の鍋、それにお惣菜を乗せた木製の車を押してきた。

若芽でも入っているのだろうか、磯の香りのする味噌汁が鼻をくすぐる。途端にお腹の虫がぐ～ぐ～とまた騒ぎ出した。

「すごい腹の虫ね。お腹空いてるの？」立山さんが笑いながら声をかけてくれる。

年は自分よりお姉さんとはいえ、美人の女性からこんなことを聞かれるとさすがの俺も超恥ずかしい。顔が赤くなる。

「昨日の昼に松阪でうろんを食べて、三時頃おにぎりを関戸さんから貰って食べただけなので、もう腹が空いて腹が空いて！　死にそう～」恥ずかしさを隠しながら笑って答える。

「そう、育ちざかりの君にとって大変やったわね。これをリビングへ運んだらすぐ朝食よ。もう少しだから頑張って」立山さんに励まされながら、こんき棟のリビングに入る。

リビングには俺同様、朝食を待ち望んでいたのだろう、この棟の十人の利用者さんが席に座って待っていた。皆意外に静かである。

「この施設の素晴らしいことは、いつも温かい食事が提供できるのよ。このリビングにも料理の設備が揃っているでしょう。冬なんかはすぐ冷めるから、ここでもう一度温めなおすの」立山さんが、味噌汁を温めながら俺に教えてくれた。

「相武君、皆に味噌汁を入れて配ってね。お願い」立山さんはご飯を茶碗に盛り、俺は温まった味噌汁をお椀に入れてカウンターに置くと、利用者さんが待ってましたとばかり自分の席に並べる。

「みんな揃ったかな、それでは頂きます」この棟のリーダー格の上野さんの一声で皆が手を合わせる。

「頂きます」と声に出したのは、十人の内の数人だ。言葉を発しない子も何人かいるようであるが、俺は今はそれどころではない。とにかく腹が超空いている。

「頂きます」の声と共に、ご飯を思いきり口に入れる待ちに待った朝食。温かい、ご飯が口いっぱいに広がり、ホンマにれんげの食事はうまい。こんなうまいの初めてや。

温かい若芽の味噌汁も、お浸しやお惣菜も漬物もホンマにうまかった。生まれて初めてや、こんなにうまい朝飯は。……というより俺は殆ど朝飯を食べたことがなかったけど。

大阪に居る時は、夜遅くまで目的もなくぶらぶらして帰って、寝たら次の日の昼頃まで起きることがなかった。朝食も食べるわけがない。

二杯目のご飯をお代わりしたところで皆を見ると、もう食べ終わり部屋に戻っていく人がいた。

そうや、彼や。昨日管理棟の事務所で大きな袋を三つも抱えていた彼や。飯食べるの、滅茶苦茶早いし。

「そういえば、谷中さんがよっさんと言っていたな。彼もこの棟の利用者なんや」

そのよっさんは、後の九人を残してさっさと立ち上がって、リビングを出て二階に軽やかなステップで上がっていった。

「よっさん、よく噛んで食べないといかんよ」立山さんが彼の背中に向かって叫んだが、彼はお構いなしに「アイアイアイアキジ～」と訳の分からん言葉を言いながら、リビングをステップを踏むように出ていった。

残りの九人のうち卵焼きを残している人が七割ほどいる。そういえばさっきの冊子にこんなことが書いてあった。

自閉症者の中には噛まないで丸飲みする人も結構いる。卵焼きを食べられない人も半数以上いる。「多分卵が食べられない方は卵焼きが、薬よりもずーっと苦く感じるんだと思います」と。ホンマに苦く感じるのやろか、あんな美味いものが後で誰かに聞いてみよと俺は思った。

食べる人はホンマに早く食べて、さっさと自分の部屋に戻っていく。反対になかなか食べ終わらない人も数人いる。自閉症の方って、周りの人のことにはお構いなしなんだ。皆マイペース、いろいろなタイプがいるんだ。

九人の中で、一人、ほとんど食が進んでいない青年がいた。

「村西君、もう少し食べて。あんまりコーヒーを飲み過ぎるからよ」立山さんが声をかける。

「彼はねコーヒーが大好きなの。コーヒーにこだわりがあるのかな。目を離すと、それこそ何杯も何杯もそこにコーヒーがなくなるまで飲んでいるわ。コーヒーがある時は気をつけてね」立山さんが俺に言う。

これも自閉症のこだわりってことなのだろうか。昨夜は何杯でも水を飲む人がいたが、自閉症っていろんなタイプの人がいるんだな。

彼らは何故、口から戻すほど水やコーヒーを飲み続けるのだろうか？　満腹感というものがないのだろうか？　俺には分からんことばかりである。

第四章　管理棟にて

れんげの里の管理棟が忙しくなるのは八時三十分頃、生まれて初めて朝飯を三杯もおかわりし腹の虫も鳴き止み、朝食の片づけをして木製の車に食器類をのせて厨房へ返却すると、その足で管理棟に向かった。

「おはよう」「おはよう元気！」大きな声で挨拶をかけてくれるのはここの職員さんなのだろう。たまに返事をせず、俺には理解できない声をかけてくれたり、にっこり笑っていく人達は、ここの利用者さん達だろう。顔を見合わせたら自然と挨拶が出る、何か心が晴れやかになる、こんな気持ちは生まれて初めてや。

ノックして管理棟事務室に入っていくと、朝の打ち合わせなのだろうか浩史さんや関戸さん、藤田さんらが大きな声で職員の人達と談笑していた。

俺を見つけて浩史さんが「相武君、おはよう。悪いけど朝の打ち合わせ中や。隣の部屋で、ちょっと待ってくれる」

またもや昨日の部屋で待ちぼうけとなる。仕方がないから、昨日貰った小冊子を読んでみる。朝早く起き朝飯もたらふく食ったおかげか、頭は冴えているようで、ボ～ッとした今までの俺と違い、所々理解できないところはあるが、今日は自然と書いてあることが頭に入っていく。

こんなことなら学生時代に朝早く起きて飯を食っていれば、もう少し成績もよかったかな。大学受験も楽勝やったかもと、ちょっぴり反省する。

二頁を開いてみると前事務長だった永田俊弥さんの「自閉症の理解と支援について」の講演録が目に入った。

「自閉症という言葉が使われ出したのは六十年ぐらい前のことだそうである。知的障害の方はちょっと間が抜けたというか、可愛らしい顔立ちをした方が多いが、自閉症の方は鼻筋が通っていて男前って感じの方が多く、見るからに賢そうな方が多いようである」

そういえば昨日から今日と、ここの利用者さんに何人か会ったが、ホンマに多くの人が鼻が高く、多くの人がメチャメチャイケメンやった。

ただ次の文「目が合ってもすぐに外してしまう」ホンマや会話をするとき相手の顔を見て話をするが目が合わなかった。それにコレヤ、オウム返しや。「お菓子好きですか？」と聞くと「お菓子好きですか？」となり、「お菓子好きです」とはならない。「何が好きですか？」と聞くと「何が好きですか？」と返ってきて、「ケーキが好きです」とか「チョコレートが好き」とはならない。

昨日から俺が経験したのはコレヤ。こいつら俺の言うことを真似しやがってと腹を立てたが、本当は彼らがこのお菓子をホンマに好きなのかどうかは、食べさせてみて様子を見なければ分からんのや。う～んこんな人と付き合うのは超難しいことや。

こんな難しい人達やから、今までの既成の知的障がい者の施設ではうまく受け入れてもらえないし、対応してくれるところがなかったんやろ。親御さんが一番案じていたのは親亡き後、この子達はどうなるのや、生きていけるんやろか、社会は受け止めてくれるんやろか、だ。だから親御さん達は自分達でお金を出し合って、行政に働きかけ、自閉症の人達を中心とした障害の重い人達にも対応した施設を作ってほしいとお願いしたのや。

しかし行政の対応も他人事やったし、施設を作る土地の人達の反対は想像以上に凄かった。

俺もそうだが、地方の人にとって自閉症障害も精神障害も知的障害もどれも一緒や、十把ひとからげや。訳の分からん連中が自分達の土地にどかどかとやってくる。犯罪を起こしはしないか、自分の娘や孫にいたずらをされないか、暴れたり暴力沙汰になったりしないか？　そりゃ親や身内は不安やで。何が起こるか心配やったのやろ、反対の風はハリケーン以上や。

それでも親の必死の願いや、子供の幸せのためにギブアップしない強い意志で設立運動に火が付き、大きく燃え上がって上田さんや森吉さんや永田さんら多くの支援者の心を動かし、この遙宮町に四十人収容の施設を作り上げたそうや。これは俺もすげぇ〜と思うわ。

自閉症とは何かよく分からなかったが、この冊子を読んでいく中に、俺も少しずつではあるが自閉症と言われる人達が分かってきたような気がした。いや理解せねばと思った。

「わるい、お待たせ」小冊子を十頁ほど読んだ時に、渋谷浩史さんと事務所の人達が現れた。

「午前中は、一番忙しいのや、各棟の昨日の状況を聞いたり、利用者さんのことを聞いたり、看護師さんの報告やら事務関係の報告やら聞いていると、こんな時間になるのや、ごめんね」浩史さんが、笑いながらぺこりと頭を下げる。

「昨日、挨拶しているかもしれんけど、管理棟の事務所の人達を改めて紹介しとくわ、まずは藤田由子さんや、彼女去年結婚したばかりの新婚さんや、旦那さんはとても素敵な人や」浩史さんが藤田さんの顔を見てにっこりした。

「ここのサポーターや利用者さんがまだ清川さんて呼ぶかもしれんけど、それは旧姓や。藤田さんは各棟の利用者さんに一番人気があるんや。彼女は養護学校で『自閉症』という障害を持った生徒と『どう向かい合うか』『どう接するか』『どうすれば、その子にとって的確な対応ができるのか』悩み苦しみ、悪戦苦闘を繰り広げ理解してきたことは『自閉症の子ら一人一人がいろんな個性を持ちそれぞれがきちっと自分の意志を持っている、この施設で自分ができることは彼らの能力や取り組みやすい受け入れられるやり方を見つけてやり、様々な個性や意思が生かせるような場を開拓したい』と、教師を捨て『れんげの里』を希望したのや。

その強い意志で利用者さんが毎日、円滑に生活できるように、全体を見ながらサポートしているのや。君も少しは自閉症の方の困難さを見てきたと思うが、各棟のリーダーやサポーターだけで解決できないことを彼女が中に入り解決策を探すんや。もちろん彼女だってどうすればいいか、なんて分からないことばかりや。ここでは自閉症の人達との毎日の生活を通じて体験する諸々の出来事を積み上げ、豊かな暮らしを創るため、これらの体験をこの施設だけでなく全国に発信していきたいとそう願っているんだ」

浩史さんの紹介に藤田さんは笑いながら俺に話しかける。

「昨日少し話したけどこれからが大変や、頑張って」

にっこり笑うと藤田さんの手が伸びてきた、藤田さんとの握手、彼女の手は意外と温かかった。

「次が事務長の関戸佳子さんや、彼女も昨日会ったな、この法人と施設の会計関係は、もちろん施設全般の事を見てもらってる。特に経費の面は、しっかり彼女が目を通しているから、暑いからって冷房のスイッチでも入れようものならすぐに彼女のお叱りがあるからね」

「そりゃ当然でしょう。利用者さんが暑いからと冷房を掛けるのは、全面的にＯＫですけどね、職員には厳しいですよ」

関戸さんは俺の方を見て親指を立てた。俺は親指を立てた意味がよく分からなかったが、面倒くさいので、関戸さんに合わせて親指を立てウインクした。

「関戸さんはね、珠算も簿記も一級で、パソコンは彼女が以前勤めていた電機会社や造船会社で、ソフトまでバッチリ習得しているから、君も分からない時は指導を受けたらいいよ。

それから次が同じく事務を担当している水谷晴香さんや。彼女は地元遙宮町の出身で、ちょっと角張って難しそうに見えるが、話をすれば、いろいろと教えてくれる。事務だけでなく利用者さんのへの付き合いは親切で丸みを帯びた性格で心も玉のような女の子といった方が、いいのかもしれん」

水谷さんがニッコリ笑いながら頭を下げた。慌てて俺も頭を下げる。

「それから在宅の自閉症の方の良き相談相手で彼らを支援する担当の臼井美雪さん、三重県自閉症・発達障害支援センターのブランチとして二年前に国の委託を受けて相談事業を開始したんだ。北は北西にある「未来学園」が担当しているので彼女は津から南、尾鷲や熊野までという広い範囲を担当しているのや。仕事は大変や、自閉症の親達や関係者に相談、助言、情報の提供、療育就労支援、他にもいろいろと仕事がある。落ち着いたら君も教えてもらえばいい」

臼井さんは『よろしく』と言うとすぐに部屋を出ていった。ずいぶん忙しいようである。

「それからこの席だが、今日は、れんげの施設の兄弟施設『城山れんげの里』に行ってる東田順子さん、彼女の仕事は障害のある人が日常生活、社会生活を営むことができるよう、利用者さんや保護者の方の間に立ち相談を受け、障害福祉サービスなどの利用計画を作成したり障害のある人の全般的な相談支援を行っている。彼女は『鉛筆のようになりたい』といつも言ってる。これ意分かる？」

「鉛筆ですか？　分かりません」

「真ん中に一本芯が通り、周りに木（気）を使う。そんな人になりたいと、この施設ができる前から親さん達の運動に参加、親さん達の会議の時は子供さんの面倒などみて自閉症とは何かを勉強、支援していたそうだ、今日は城山に行ってるからまた改めて紹介するよ」

「さてと、事務所関係では、後は看護師さんや。この施設には二人の看護師さんがいる玉置有里さんと、大井としさんや。玉置さんは今朝から調子の悪い利用者さんを連れて、三瀬町の病院へ行っている。大井さんは昼からの出勤や、利用者さんの調子が悪そうに見えた時は、自己判断せずすぐに看護師さんに連絡して。ここには沢山薬を服用している人もいる、それだけに注意してほしい。医師は吉沢先生が津から毎週水曜日に往診してくれる、そのときはまた紹介するわ。あとは厨房の職員さんや各棟のサポーターさんがいるが、今彼らは一番忙しい時間や。おいおい紹介するよ」

　浩史さんの話は短時間の事であったが、俺にとっては何や、超ややこして頭の中は混乱しっぱなしやった。

「あのう……一つ聞いてもいいですか」

　俺は昨日から気になっていたことを、恐る恐る聞いてみた。

「何だね？」

「あのう俺はここで働くのですか、俺ここで採用されたんですか」

　お母んや先公の高橋からも肝心なことは少しも聞かされないまま、野後にやってきた俺にとってこの先のことは気になるし不安だった。

「君は、このれんげの里にボランティアとして手伝いに来たんだろう。森吉さんからはそう聞いてるが」浩史さんがすらりと言う。

ガガ～ン、え～ボランタ～ア、何でやねん。なんで俺がこんな異郷の地まで来てボランタ～アをせにゃいかんのや。給料はどうなるんや。俺の頭の中は何が何だか分からなかった。

「給金は貰えるんですか」ほとんど無一文の俺にとって給料は死活問題だ。

「ボランティアには給金は出ない。君も知ってると思うが、一般的には自主的に無償で社会活動などに参加し、奉仕活動をする人を指すのがボランティアだ。まあ君達に助けてもらうのやから、食事はきちっと出すがね」

浩史さんの目が急に冷たく見えた。

「エ～そんなこと聞いてないすよ」これは大変なことになった。

管理棟での挨拶を済ますと、管理棟と小さなゴミ置き小屋のある日当たりのいい場所に座り、すぐに俺は大阪のお母んに電話を入れた。

「え～！　あら！　私ボランタ～アてか、言わなかった?」お母んは、とぼけた声で言う。

「俺、一銭も金もないんだよ、これから何日、ここにいるのか知んねえけど、どうして暮らしてくんだよ、着変えの下着もほとんど持ってないし」

「そのことは心配ない。高橋先生と相談して、取りあえずお前がそこで暮らす最低の生活必需品や衣料品などの用具は昨日送っといたから心配ない。また入用なものが、あったら電話して。お金はなくても食事は出してくれるそうやから死ぬことはないわ。まあ根性入れて頑張りや、姉ちゃんも期待してるから」くそ～お母んも冷たすぎるわ。

「お母ん、お前それでも俺の親か。息子の俺がこんな田舎で訳の分からん所で暮らすのに、親としては心配しないのかい。おまんはそんな程度の親か」とお母んに噛みつく。

「お前には、生まれてこの方、ず～っと心配させられてきたわ。どんな田舎か知らんけど、親や身内に頼らず、どれだけ一人で頑張れるか、まあやってみることや。高橋先生も言っていた。そこで勉強すれば、隆司も親がどれほど大事なものかがよく分かるやと」くそ～、お母と先公にはめられた。

とはいえ七時間もかけてやってきた所や。大阪へ戻るにも金もない。どうしようかと考えていた時、姉ちゃんから電話や。

「隆志。あんたな、逃げること考えてたらあかんで。先生と森吉さんの約束でお前を二ヶ月面倒見てもらう事になってるのや、観念して勉強しや。お前のように悪たれ達と一晩中遊んで、お母んの言うことも姉ちゃんの言うことも無視していた報いや。私は遙宮という所がどんな田舎か知らんけど、お前を面倒見たろと言ってくれた人達や。障がい者の方を世話している純真な、優しい、いい人ばかりやと姉ちゃんは思うわ。そこで皆さんにいろいろ教えられて、腐った怠け癖のお前の根性を叩き直しておいでや。それまでは帰ることはならんで」

姉ちゃんは一方的にそれだけ俺に言うと、勝手に電話を切った。

何とかせねば「助けてくれ」と、俺は悪友に電話を掛けたが出てくれない。そういえば、まだ十時前や。俺も大阪に居た頃はまだおねんねの最中やった。四～五回呼び出してそれも諦めた。どうすればいいんや、俺を助けてくれる者はいないのか。

「いつまで休憩しているの、上野さんが君を探していたよ。すぐこんき棟に来てほしいって」

あちこち探したのだろう、立山さんが息を弾ませて俺に言った。仕方なく俺はすぐ向かいにあるこんき棟に向かった。

「どこに行ってたんや。サポーターが出勤してきたんで紹介しとくわ」

大島さんが、出勤してきた山本大輔さんと阪本義孝さんのサポーターを紹介してくれた。二人とも俺より十歳位先輩だろう。落ち着いていて「よろしく」と声をかけるとさっさと仕事にかかっていた。

「浩史さんからは、しばらくこんき棟を担当してくれと言われている。まだ仕事の内容は分からないだろうが、この棟の廊下の掃除から始めてくれ。廊下が終わったらトイレ掃除や。詳しくは立山さんに聞いてくれ、頼むぞ」

それだけ俺に言うと、上野さんは二階の階段を上がっていった。

掃除なんて、家（自宅）では、生まれてこのかたしたことないし、学校もまじめにやっていたのは小学校四・五年生ぐらいまでやった。女の子が一生懸命やってる中で友達とふざけて遊んでいたぐらいしか思い出せん。ましてやトイレ掃除だと。あ～くそ、止めた止めた。とはいえ俺はどこに行けばいいのかよく分からない。行く所がないので、とりあえず先ほど電話をしていた管理棟の厨房の裏にやってきた。

厨房の裏に来ると、どの棟の利用者さんか一人でコンクリートの礎の上に座り、さかんにぶつぶつと言っている先客がいた。

「おはよう」俺の挨拶に見向きもしない、何を考えているのだろうか。近くにある木くずや病葉を座っている範囲で手を伸ばし、集めてはパラパラと上から下に繰り返し落としている。俺よりも十歳以上先輩だろうか。ただ夢中に上から下へと落としては、また集めては同じことを繰り返す。俺はもう一度聞いてみた。

「何してるの」俺が声をかけても返事もない。ただ夢中に上から下へと落としては、また集めては同じことを繰り返す。俺はもう一度聞いてみた。

「何してるの。それって面白いかい」こんな俺の声に胡散臭く思ったのか「バア〜」と言って手を振って立ち上がり、げんき棟の方に走っていった。

掃除もしたくない。立山さんに、掃除のやり方を聞くのもうっとうしかった。このままで先ほどの彼のように座っていてもいいのだろうか。俺は掃除もせずこんき棟を飛び出したことに、少々後悔もしていた。なんて言って戻ろうか。

そんな時一人の女性が声をかけた。「そろそろ作業の時間よ」

声の主を見てみると、昨日入り口の前で俺を事務所まで案内してくれた、ポニーテールの女の子。上はブルーのパーカーに下はデニムのパンツ。お世辞にもかっこいいとはいえんが、難波ギャルの派手なルックを見せられてきた俺には何故かとても新鮮に映った。

「あれ君か。どうしたの」愛くるしい瞳を輝かしながら彼女は俺に話しかけてきた。何故だろう、胸が異常なほど激しく動悸を打っている。

「いえ、ちょっと休憩中。……俺…しばらくここで、ボランタ〜アをします」

これだけ言うのに顔は熱くなり、動悸はますます激しくなり、汗も背中から濁流のように流れていた。

「ごめん。親から電話が掛かってきたので」こんき棟に戻ると立山さんにこう言ってごまかした。

掃除もほとんど終わっていたが、立山さんは文句一つ言わず、

「そう。いいわよ、もう掃除は終わったから。これから作業棟に来てほしいって、上野さんからの伝言よ」

「分かりました。作業棟へ行ってきます」これからどうなるか、まあ作業棟へ行くしかないか。俺は、管理棟の後ろに立っている作業棟へ向かった。

作業棟は二つあり、木工をする人、ビーズなどアクセサリーをする人、さをり織という織物を織っている人、革細工をする人らがサポーターの指導で熱心に取り組んでいた。

不思議なほどこの作業所では、奇声のような声もなく淡々とした作業が進んでいる。上野さんから「今日は木工部へ行って、どんな作業をしているのか見学しとって」と言われた。

鍋敷きを作っているのだろうか、杉の木を糸鋸のような鋸で丸く切り取る人、ガスバーナーで焦げ目を作りあげる人、それを紙やすりで黙々と磨いている人など。木の枠に何かを挟みながらトントントンとリズミカルに釘を打っている人、何を作っているのだろうか。木に錐で小さく穴をあけ糸紐を通している人、これはストラップになるのだろうか。見ていると大変興味深い。

俺が興味深く、みんなの作業を見ていた時「西さん。これ浩史さんから預かってきました」

木工のリーダー西哲郎さん、海洋研究のオーソリティで世間では少しは名の知られた存在だった。それが大学を卒業すると三重の観光地三志町の公務員になり、そこで福祉に目覚めてれんげに入ってきたという、異色中の異色だそうである。

この施設には、いろんな人がいるわ。

西さんはストラップを作る利用者さんを教えていたが、彼女に声をかけられると「ありがとう」と、その書類を受け取った。

書類を渡すと彼女は俺の顔を見て、軽く会釈すると作業室から出ていった。

俺は思い切って西さんに聞いてみた。

「西さん、今来た彼女は？」と、彼女のことを聞いてみた。

「ああ手島さんか。手島早苗さんは、のんき棟担当のサポーターさんだ。三月に福祉大学を卒業して今年の四月かられんげの里で働いている。とっても熱心でそれに可愛くて利用者さんにも人気があるよ。彼女は隣の部屋でさをり織を担当しているよ。あとでさをり織も見学しといで」

そうか手島さんか！　手島早苗さんと言うのか。このれんげで働きだしてまだ二ヶ月か、日も浅いのだ。それで他の人と違って初々しさがあるのだ。いつの間にか俺の心臓は、また早鐘のように打っていた。

心拍数は異常なほど急激に上がり、隣のさをり織を見学したかったが、今回は止めることにした。

十二時、食事の時間。こんき棟で利用者さんと食事をとる。二階のよっさんは一番遅れてリビングに入り、皆がほとんど食べていないのに、さっさと食事を済ますと自分の部屋に戻っていった。この棟には十人の利用者さんがいるが、名前を覚えたのは今のところ、よっさんだけや。

皆が食事を終えた頃、管理棟へ来てくれとの関戸さんから伝言があった、出かけてみると、俺宛ての段ボールが一つ届いていた。お母んからやった。

中身は下着や上着、ズボンなどの衣類と歯磨きなどの雑貨類、それにタオルケット。季節も夏に向かっているし、これで夜もぐっすり休むことができるだろう。あと嬉しかったのは封筒の中に「無駄使いはせんように」とお母んの字で書かれて、お金が少々入っていた。

これで、欲しいものも贅沢しなければ買えるはずやし、嫌になればいつでもここを出て大阪に帰ることができる。

こんき棟の職員の部屋にあるロッカーを、俺のために開けてくれた。ここに取りあえずお母んから送ってきてくれた荷物を入れた。

昼からも、作業棟で木工の仕事をしているのを、ただ座って見ていた。西さんに「何か手伝いましょか」と聞いたが、「今のところ何もないから、まあ見取って」との返事だった。退屈な二時間は、ほとんど昨日貰った講義録の冊子をペラペラと眺めていた。

退屈な時間が過ぎていった。途中から猛烈に腹の虫が騒ぎ出した。昼飯あんなに食べたのに。大阪に居た時は腹が減った感じは全くなかったが、ここは空気もうまいし知らず知らずのうちに体を動かしているから、腹も減るのかもしれん。

作業を終えたのは二時三十分ぐらいだった。こんき棟に戻ると昼からの出勤の坂田義隆さんを紹介された。

「坂田さんはメダカを研究してるんだ。このれんげでも沢山メダカを育てている」と立山さんが紹介してくれた。

身体はごついのに、やっとることはメダカかいな。俺はもう一度、この坂田さんを振り返った。

これからおやつの時間だそうで十数枚のお皿にはクッキーが三枚ずつ、立山さんがのせていた。坂田さんは、ペーパードリップでコーヒーを入れていた。一筋のお湯がドリップに吸い込まれる。すげ～本格的や、坂田さんはメダカだけじゃないな。

「おっ、本格的やないか。しめた、俺の腹の虫よ。もう少し待ってくれ」

第五章　土曜日の買い物

金曜日になると、入所している利用者さんの親達がやってきた。

利用者さんには担当のサポーターがいるらしく、施設での出来事や利用者の生活、連絡事項などを詳しく彼らの親に話をしていた。

サポーターと母親の会話には笑い声が絶えず、横で見ている俺も何となく嬉しくなってくる。二人の会話をニヤニヤして聞いていると会話の最後に、「中川さん、紹介しときます。彼は今ボランティアでこの棟を手伝ってもらっている相武隆司君です」と紹介された。

慌てて「相武です。よろしくお願いします」とできるだけ標準語で言って頭を下げると、すかさずこのおばはん、

「相場君は関西出身なの？　言葉が関西弁やな」と質問してくる。俺の言葉には関西訛りがあるのだろう。この辺りのにゃにゃ言葉とは、はるかに違う。

「大阪から来ました」とできるだけ標準語、標準語で、

「大阪はどこから来たの。大阪生まれなの？　北？　南？　こんな田舎によく来たね。自動車で来たの？　いま幾つ、なんで……」次々とマシンガンのように質問が来る。この辺りは大阪のオバちゃんと同じや。うんざりする顔も見せることもできず、一応「はい」「そうです」「いいえ」「はい」などと繰り返していると、最後におばちゃんが、「相場君って、おとなしいね」と。

返事を短くしたらおとなしいんかい。おまけに人の名前も間違いやがって。俺もこの利用者さん達同様で長い会話は苦手や。おばはんの間違いも違いますと言う気にもならず、結局このおばはんは最後まで相場君やった。

このオバちゃんが利用者さんを連れて帰って少し経ったら、また同じようなおばはんがやってきて、サポーターさんとべちゃべちゃと会話を楽しんでいる。自分の子供が今週この施設で過ごしたエピソードを聞いて「うわ～すごい」とか「ほんま～誠もそんなことが出来るんですか」などと身振り手振りで、大きな声でしゃべっている。

小一時間経つと、俺の紹介に移った。

「石田さん、紹介しときます。彼は今、ボランティアでこの棟を手伝ってもらっている相武隆司君です」

「あ～君が、中川さんが言っていた相場さんよね。大阪から来られたんやてね。大変でしょう。こんな田舎にどうしてきたの。ＪＲ？　自家用車？　それとも……」

また同じ質問で（うんざりや）「はあ近鉄で」。

「そう近鉄で。近鉄で来たんやったら途中に名張という駅あったでしょう。伊賀では比較的人口の多い町なのよ。あそこなの、あそこが私らの家、私のうち今からそこまでこの子を連れて帰るの。高速に乗っても二時間以上かかるの。大変なのよ」と、若そうだが元気なおばさんや。

「名張って駅、あったかな」と考えたが、あえて俺は聞き直さなかった。

「相場君。うちの子のこと、よろしくお願いします」と言うだけ言うと、石田さんはそそくさと帰っていった。

「名張って駅？　本当にあったかな」伊賀なら大阪に近いから、大阪のおばさんとタイプが似てるのやろ。

その後やって来た二人の保護者も大体同じやった。ここの利用者さんの親達は、ホンマによくしゃべるわ。相手をしてるサポーターさんも大変や。辛抱忍耐の素晴らしい人達や。福祉の鏡やで。俺やったらとっくに爆発してるわ……ええ加減にしてや～ウザイわ～……と。

それより俺の名前、この棟では相武ではなく、相場になってしまったようである。最初のおばはんが間違えて伝達したんや。たしか中川さんやったか。

それ以後ここに来るどの親さんからも、他の棟のサポーターさん、それに愛しの早苗さんからも「相場さん」とか「相場君」と呼ばれるようになったが、いちいち訂正するのも面倒くさいので、「名前でお願いします。隆司と呼んで下さい」と言っておいた。

それの方がずっとすっきりするし、大阪に居た時も隆司とか隆司君やった。名字を呼ばれてもピンと来ないから、これでいい。ましてこの施設の長も「浩史さん」と呼ばれている。名前で呼ばれた方が偉くなったように思えたのは、俺だけだろうか。

　土曜日に、家に帰らず、こんき棟で過ごしている利用者さん四人のために、何とか財団整備事業所というところから寄付された九人乗りの、大阪でも見たことのある絵の描いた、あんまりかっこいいとはいえん日産の八人乗りの車で買い物に行くことになった。

　買い物に付き添うのは、男子職員の山本さんと女子職員の北沢さん。それに俺も付き合えということで計七名が乗車し、遙宮から車で数十分かかる佐原という所にあるショッピングセンターに出かけることになった。

　買い物は前日、担当のサポーターと利用者さんが話し合って今日買う物、いくら使うか決めているらしい。だから買い物には、そんなに時間もかからないようである。

　俺は買い物が苦手やから行く前に決めることができない。どのように話し合って決めるのか羨ましい。俺なんぞ何か珍しい物があるとすぐ衝動買いし、いつもお母んやお姉に叱られていた。今もそれは変わらん。彼らはいい物を見た時、欲しくならないのだろうか。

　そういえば吉沢さんが、「彼らはレンタル屋へＤＶＤを借りに行っても、同じ物ばかり借りてくる。それはそれでサポーターとしては楽だけど、新しい物にもっと興味を持ってほしいのだけど、うまくいかない」なんて言っていた。

車の中では、よっさんと名乗るおっさんが一番前の助手席に座っている。ここは彼の定席らしい。袋にいっぱい入れたCDの中から、お気に入りの物だろうか、すぐに車のデッキにセットする。

彼はどんな曲を聞くのだろうか。クラシックか演歌だろうか。それともJPOPか。きゃりーぱみゅぱみゅやAKB、HKBなどを聞くのかとちょっぴり興味を持っていたら、なんだこりゃ。流れてきた曲は大昔のコマソンらしい。それも俺が知らない曲が続く。松竹梅やら大関やら黄桜と酒のコマソン。続いては青柳ういろう、ヤマサのちくわ、桂新堂のえびせんべい、両口屋是清と、関西生まれの俺にはまるで知らない名古屋バージョンらしい。それ以外に全く知らないお菓子屋のコマソン。自動車関係ではケンとメリーのスカイライン、いすゞのトラック、ヤンマーコンバインと流れてくる曲は、マニアックなCMソングばかりらしい。聞いてるのは本人だけで、さかんに首を振りながらリズムを取っている。他の利用者も知らぬ顔で窓の外を眺めていた。もちろんサポーターの二人も知らぬ曲らしいが毎日のように聞かされると覚えてしまうようで、耳を澄ますと北沢さんが小さな声で口ずさんでいた。

れんげの里からしばらく走ると「瀧原宮」という大きな神社の前を通った。

歴史はまるで弱い俺だが、聞くところによると、むかしむかし、第十一代垂仁天皇の皇女倭姫命が、宮川下流の磯宮より天皇家の先祖、天照大神を祀る地を探すために上流へ遡ったところ、宮川支流大内山川の流域に「大河の瀧原の国」という美しい場所があったので草木を刈り新宮を建てたと。それがこの瀧原宮らしい。その後すぐに神意により現在の内宮のある伊勢市に新宮を建てたため、別宮となった。ちなみに伊勢神宮をこの地から遥拝する宮だそうだ。まあ、俺にはちんぷんかんぷん歴史は難しい。

皇大神宮が伊勢の五十鈴宮へ転座したのちに瀧原宮と改称したため、神号を地名に使うことは神威を汚すとし、付近の地名「長者野」の端にあるということで地名を野尻と改め、後に野後となったという。

ちなみに神社にもいろいろあり「伊勢神宮、瀧原神宮、明治神宮」という「神宮」がつく神社は、古代から皇室と深いつながりを持つ神社、あるいは天皇や天皇の祖を祭神とする神社だそうである。他に宮《ぐう》と称する神社は、「東照宮・水天宮・天満宮・八幡宮」のように神仏習合時代に成立した呼称。次に「〇〇大社」としては「出雲大社・住吉大社・春日大社・諏訪大社」などがある。格の上では神宮、それに続くのが大社、神社という順番らしいと歴史に強そうな山本さんがどこで聞いたのか詳しく俺に披露してくれたが、俺は歴史はからっきし弱い。すぐ右から左へ抜けていくわ。そうか、この地が一番はずれにあるから野後というのか。それにしても観光客が多いな！

そんな話を聞きながら左にダムを見て、消防署の交差点を右にカーブすると、車は「道の駅・奥伊勢・佐原」に滑り込んでいった。

「道の駅・奥伊勢・佐原」は、三重県多気郡佐原町、国道四十二号線沿い（別名死に号線、とこの地の人は言うらしい。カーブが多く自動車事故が多いらしい）にあり、駐車場も五十台以上駐車できる立派な道の駅なのだ。

死に号線（四十二号）は事故が多いためか、やたら道の駅が多いのも特徴。多分救護のためにもこれだけの駅が必要なのだろうかと、山口さんの話を聞きながら俺は勝手な解釈をした。

道の駅・奥伊勢佐原の横に、今日彼らのお目当てのジャコス系のスーパー・M＆Bがある。道の駅に隣接し奥伊勢きっての一大レジャーファッションの地、アウトレットショッピングモールなのだそうであると山本さんは自慢げに言ったが、大阪から来た俺にはそんなに大層には見えない。個人店に毛が生えた程度やと、山本さんには悪いけど所詮は地方の店やと、頭の中ではそう思っていた。

車が停まると、よっさんが「おしっこに行ってきます」とまず一番に飛び出していった。このおっさんは飯を食べるのも一番早いし、車を飛び出すのも一番早い。山本さんが「歩いて」とよっさんに声をかけたが、本人は聞こえているのか、軽やかにステップを踏みながら走ったまま我々の前から消えていった。

「子供の頃、旅行に行く時、トイレを探すのに大変な時がある。彼の両親は、早め早めにトイレに行くように躾けたらしい。その躾のためか、今ではトイレを見るとああして反応するんだ。トイレに向かって一目散に飛んでいくようになった。小便をしたくともしたくなくとも、トイレに入れば気が落ち着くんかもしれん。この施設が出来た頃の話や。篭屋さんというサポーターが、トイレに行ったばかりのよっさんがすぐまたトイレに行くので止めたことがあったのや。その時、今まで起こったことのないような凄まじいパニックが起こった。両手で頭は叩くは、髪の毛を引きちぎるはで、その時はあっという間に前頭部から血が噴き出し禿げ頭になってしまった。彼のパニックが収まるまでもう大変やった。禿げた頭が元のふさふさ髪に戻るまで大変な時間を要した。それからというもの、彼がトイレに行くのを止めるサポーターはいなくなった。これはよっさんの伝説として、この施設では有名な話や」

「彼はよくパニックが起こるんですか」

「いや、俺の経験ではパニックは起こったことはないよ」

小便をしたくないのにトイレに走る彼が、止められただけで何故パニックになるのだろうか。自閉症って、益々分からなくなる。

トイレから出てきた彼は、三笑堂という書店兼レンタルショップに走っていった。

「隆司さん。悪いけど、よっさん見てきてくれないかな。借りる物は彼は決めてるし、支払いだけ見てやって」

三笑堂に入っていくと、よっさんが、自分が見たいＤＶＤを持ってお金を支払っていた。金額は店員さんが言った金額と間違いなかった。れんげでサポーターさんから、この日借りるＤＶＤのお金を財布に入れていた。彼はその金額を財布から出して店員さんに渡すだけである。間違いはない。

「何を借りたの？」俺は聞く。

「……」彼から返答はなかった。

彼は俺が言った言葉を理解できないのか、ただ無言だった。無視された、ほっておこうかとも考えたが、俺もここに来て少しは根気が出来ていた。もう一度訊ねる。

「そのＤＶＤは何ですか？　このＤＶＤは何ですか？」俺は指を指しながらもう一度彼に訊ねた。

「ウルトラマン」と、彼はぽつんと言った。

「ウルトラマンを借りたのか。ウルトラマンゾフィー、それともウルトラマンティガ、ウルトラマンメビウスかな？」俺はウルトラマンの中で唯一知っている三匹のウルトラマンを言ったが、よっさんの答えは違っていた。

「違う！　ウルトラマンタロウ」目線こそ合わないが、よっさんは俺の質問に答えてくれた。

「タロウか。ゾフィーと違うのや？」俺の質問に、「違う、ウルトラマンタロウ」。自閉症の人と、この施設に来て初めての会話らしい会話が、俺とよっさんの中でつながった瞬間でもあった。

「ウルトラマンタロウか。それって面白いですか？」

次の俺の質問に、よっさんがまたまた答えてくれた。

「面白いから借りました」

俺の質問の意味と少し違いはあったが「質問（Q）と答（A）」二人の会話は完璧だった。

講習会の記録を見ると、会話が苦手とかコミュニケーションの障害とあるが、彼の気持ちになって心を通わせていけば少々の会話はできるのでは、と俺は思えるようになった。

　全員ショッピングを終えて車に戻ってきた。高田君はチョコレートとビスケットを、ポテトチップスを買った下村君はすぐ開いて食べている。富田君はクッキーかチップスのようなものを、よっさんは前の定席に座ると一心にＤＶＤのパンフを読んでいた。「何を読んでるの？」後ろから質問した俺の方を振り返ったので「読んで下さい」と、指を指した。よっさんは、ＤＶＤに書かれているある部分を読んでくれた。

「裸一貫で世界中を旅していた青年・東光太郎が、ボクサーを目指して巨大タンカーで日本に帰ってきた。港を襲った超獣オイルドリンカーを追い払うことに成功した光太郎だったが、彼の持ち帰ったチグリスフラワーのチグリスフラワーの……教えて下さい」と、多分次の球根という漢字が分からないのだろう。

「この漢字……球根と読みます」と俺が教える。

「チグリスフラワーのきゅう、きゅう、こん、きゅうこんから怪獣アストロモンスが誕生する」

　ここまで読み終わった時、車はゆっくりと動き出した。よっさんも読むのを止めて、ＤＶＤを膝に置き外の景色を眺めていた。

　こうして、この日のこんき棟の利用者の買い物は終わった。

その夕食後、俺は二階のよっさんの部屋を初めて訪ねた。

よっさんの部屋は、他の利用者さん達の部屋と違い、雑然とし違和感を感じた。

入った部屋の左側にはビデオを収納するラックが二つ、次にノートパソコンとプリンター。その横にテレビ、オーディオ器具、ＤＶＤの最盛期とビデオカメラが立て替えてある。

右側はよっさんの休むベッドと衣服を入れる箪笥、それ以外にも小さなプラスチックの小箱がうず高く積まれていた。

「よっさん、入っていいか」

俺のノックに、よっさんはパジャマに着替えリラックスした姿で俺を迎え入れてくれた。

「よっさん、部屋に入ってもいいですか」と、もう一度俺が質問する。

「入ってもいいですか」

よっさんは扉を開けると、すぐにベッドに腰かけてテレビを見ながらこう言った。

多分よっさんの耳には、ちゃんと聞こえているのだろうと俺は思った。

「何見ているの？」俺は質問する。

「ウルトラマンタロウ」と答えてくれるが、こちらに顔は向かない。今日借りてきた

DVDを早速見ているのだろう。

「ウルトラマンタロウって面白いですか」俺の問いに、「面白いから借りました」。

三瀬町の道の駅で答えてくれた言葉と全く同じだった。

「よっさん、これは?」俺が指した問いに、「ウルトラマンタロウ」と答えてくれる。

「ウルトラマンって、強いの?」という問いに、「強いから借りました」。

へえと俺は思った。よっさんも正義の味方、強い主人公が好きなんや。ついでにウルトラマンと戦っている怪獣のことを聞く。

「この怪獣は、何?」

「アストロモンス」よっさんが、答える。

「アストロモンスって、強いの? 弱いの?」と聞くと、

「弱いから、借りました」これがよっさんの返事なのだろうか。

次々と出てくる怪獣を俺は「これは何?」とよっさんに問うた。よっさんは、一度も俺の方を振り向かず、嫌な顔もせず、俺の質問に答えてくれた。

返事のあとには「……だから借りました」と答えた。

三十分が過ぎた頃、よっさんはウルトラマンのDVDを閉じ、次いでビデオカメラのスイッチを入れた。今度はテレビ画面にこの棟の利用者さん数人と、藤田さんや大

島さんらの顔が映った。

「よっさん、どこに行きましたか」画面を指して俺が質問する。

「名古屋に行きました。ＮＨＫスタジオに行きました。ナゴヤ球場に行きました」と
よっさんは、相変わらず俺の顔は見ずに早口で言った。

「いつ行きましたか？」の問いには、

「十年八月二十五日」と、考えることなくスラスラと年月日を答えた。

これは驚いた。彼の頭にはしっかりカレンダーが刻み込まれているようである。

「名古屋に旅行に行ったの？」

「旅行に行きました」と、よっさんが答える。

「名古屋は楽しかったですか？」

「楽しかったので行きました」と、またまたこの返事である。

テレビには皆で食事を食べている姿が映る。

「お食事、何食べたの？」「カレーライスを食べました」

「ビールも飲んでるじゃん」俺の言葉に「ビールを飲みました」

「おいしそうだね」「おいしいから食べました」

「ビールはうまいかい」「うまいから食べました」

よっさんの言葉も最後はパターン化していると俺は思った。楽しいから行きました、嬉しいから買いました、おいしいから食べました。自閉症よっさんの会話には「……だから……しました」いつもこうである。

「誰と行ったの？」という質問に「藤田さんと大島さんと川本さんと……」よっさんは指を折りながら言い出したが、突然、「川本さん卒業した」と言い出した。

「川本さんって、卒業したの？　それっていつ」

「二〇〇七年四月卒業しました」

卒業したということが俺にはよく分からなかったが、後で管理棟の藤田さんに質問したところ、川本さんは二〇〇七年にこの施設の姉妹施設「城山れんげの里」に転勤したそうである。たまたま彼女が休日の時、名古屋に遊びに行き、栄で再会し一緒に時間を過ごしたそうである。

川本さんがこの野後の施設にいた時「こんき棟」の担当で、よっさんも、ずいぶん可愛がられたそうである。しかしよっさんの頭の中では、転勤であろうが別れることは、すなわち卒業なのだそうである。

よっさんが、この施設に入所したのは、れんげの里が設立された二〇〇一年四月一日のことやった。

当時のこんき棟のサポーターは、戸崎さつきさん。よっさんと生まれた年が同年の昭和四十六年、彼女が結婚のために退職することになった時、親達も集まってパーティーを開いた。その時「さつきさん卒業した」と彼はぽつりと言ったと、父親から後で聞いた。

篭屋広志君も桜田訓子さんも水沢純子さんも、よっさんにとっては「卒業した」で片づけているようであるが、よっさんの頭の中にはしっかりと彼らが卒業していった年月が刻まれていた。

俺がこの遙宮にある「れんげの里」にボランタ～アに来て、あっという間に五日目を迎えた。

この日は月の第二番目の日曜日にあたり、この施設で働くサポーターの大半が早朝より集まり、職員会議が開かれる。

よっさんは、数日前より、この日を待っていたのであろう。

「十二日お父さん来ます」と職員に喋りまくっていた。

ちなみによっさんは、日曜日にお父さん来ます、とは言わない。いつも日にちで予定を言う。これがよっさん流のようである。

週末になると、一時帰宅する利用者さんの親達が迎えに来る。これもまた保護者達の職員会議がスムーズに行われるように、皆で協力しているようである。

こんき棟のサポーターも、八時三十分が過ぎた頃には管理棟へ会議に出かけ、俺が棟に残っている五人と留守番をすることになった。

午前九時を過ぎた頃、よっさんが、すごい速さで二階から下りてきて、こんき棟を飛び出してれんげの里の門の方へ全速力で走っていった。

何事かと慌てて俺も、よっさんの後を追いかけたが、よっさんは門の前に停まったわさび色の車を中に誘導するため、スライド式の門扉を開けていた。

車から出てきた親父が「よしの父です」と頭を下げた。

大相撲のアンコ力士を彷彿させるようなメタボな身体、腹が異常に飛び出し、顔がデカい。眼鏡の奥から睨みつけられると「どきっ」とする何となく胡散臭い、まるで映画で見るギャングかやくざの親分のような、服装は何となく若ぶってはいるが、これがよっさんの親父や。相当の高齢者やろ、そのジジイが車から降りて俺の方を睨みながら「おはようございます」と挨拶をした。

慌てて俺は、自己紹介する。

「俺、今こんき棟のボランタ～アしてます相武です」

「聞きましたよ。相田さんですか、いつもよしがお世話になってます。言葉から察す

さん

「はい、大阪からやってきました」

「え〜っ大阪から？　えらい遠い所から、なんでこんな田舎へ」

若者が何故こんなど田舎にやって来たか、よほど不思議だったのだろう。よっさんの親父は驚いた顔をした。

「私も若いとき大阪に居たことがありますが、あそこはいいとこやった。人情は厚いし、食い物がおいしい。串カツなんて堪らんわ、二度付け禁止ってね。酒もうまいし姉ちゃんもきれいやった。お初天神の近くに北流という飲み屋があって、京子という別嬪さんがいてな……中島という親友とよく飲みに行った。あはは、これは冗談や」

よっさんの親父はここまで言って、慌てて口にチャックをしていた。

よっさんが車に乗って待っているのを確かめたメタボ親父は「じゃあ、昼までよしを預かります」そう言うとエンジンをふかしながら、れんげの里を出ていった。

そういえばどこに行くのか、何時に帰ってくるかも、聞かずに二人を見送った。これでいいのか。あの親父、ホンマによっさんの親父やろか。よっさんとあまりにも体型が違う。拉致された？　やばいと思ったが、まあいいか。あれは確かに、よっさんの親父やろ、間違いない。親父が連れていったのだから問題はない、俺は勝手にそう考えた。

俺が心配することもなく、十一時半位によっさん親子はれんげの里に戻ってきた。よっさんの両手には、お菓子や缶コーヒー、あとはテレビ番組が乗っている月刊誌やプリント用のコピー用紙やらと、両腕一杯抱えていた。

親父さんの話によると、あれから家に帰って冷蔵庫に入っている食品や飲み物を物色、印刷用の用紙や日用品のいろいろな物を詰め込み、折り返してれんげの里に戻ってきただけだという。

「彼が家に帰ってくるのは、れんげの里で快適に生活するための必需品を物色して、持って帰ってくるだけや」

よっさんは、リビング室に設置してある冷蔵庫に持ってきた飲み物やお菓子を入れると、「じゃあね～」と親父さんの顔も見ずに自分の部屋にステップしながら戻っていった。

「いつもあれなんですよ」親父さんは苦笑いしながらそれだけ言うと、「では、私も失礼します」と帰っていった。大きな親父さんの背中が何となく寂しく小さく見えた。

金曜日に迎えに来る保護者さんと利用者さんには、温かく強い親子の絆を感じられたが、よっさん親子は、何となくよそよそしく二人の間には親子の縁をあまり感じられなかった。

第六章　卒業の意味

一週間後の日曜日のことである。

この日は、午後一時三十分よりこの施設の保護者会の総会が開催されるということで、十時頃から役員の親達が数名集まって管理棟で会議をしていた。

よっさんも朝から気になっているのか、前日の土曜日から「十二日、お父さん来ます。十二日、お父さん来ます」と何度も何度も俺に言ってきた。

自閉症ってホンマにしつこいわ。「分かった」言うても数分経つと、またわざわざリビング室にやってきて同じことを言ってくる。「十二日、お父さん来ます」…と。

親父さんがホンマにやって来ることが確認できるまでは不安でしょうないのだろうか、ホンマしつこい、うざい。こんな繰り返しが、自閉症をあまり理解してない人達から疎んじられるのかもしれない。そういう俺も、一週間たっても彼らのそのしつこさを理解してやれないのだから。

よっさんの親父さんは、若草色の自家用車で十二時過ぎにやってきた。目ざとく見つけたよっさんが、こんき棟を飛び出していくのを見て、上野さんが「よっさんのお父さんが来たようだ」と言った。いつもの通りお菓子と飲み物の缶コーヒーがビニール袋に入っていた。

「こんにちは、いつもすいませんね」メタボな親父さんはそれだけ言うと、よっさんの部屋に入っていった。

このれんげの里に来てから一週間いろんな利用者の人と接触を持った俺だが、俺にとっては、よっさんが一番興味があった。

よっさんが、生まれた時や幼き日はどんな子供だったのだろうか。小学校や中学校時代どんな生活を過ごしたのだろうか。親はどんな思いで彼を育てたのだろうか。サポーターの人に聞いても、誰もそんなことは知らなかったし、しつこく聞くことは、遠慮している節もあったのか、日々の仕事に追われ、自分達が考える理想に近づけることは難しいのかもしれない。

よく、浩史さんや藤田さん、サポーターの皆が利用者（障がい者）の視点に立って物事を考え「障害のある人が生きていく困難を理解し、心豊かな生活が送れるように支援しなければならない」と言ってるのに、彼らの生い立ちや、今まで歩んできた道もホンマに分からずして、彼ら障がい者の胸の奥にある気持ちを、どうして分かることができるのだろうか。どうして、彼らの手足になって支援ができるのだろうか。

　これは、よっさんの親父に直接聞くことが大事かな。よっさんの心の奥にあるものが知りたいと俺は意を決意し、よっさんの部屋にノックをした。

「よっさんのことをもっと知りたい」俺がそう言うと、よっさんの親父は嬉しそうに、

「よしのことが知りたい、って言われたのは君が初めてや。何故、よしのことを知りたい？」

「この施設に来て、よっさんのことがとても気になった。俺の事を心を許し信頼してくれなければ、よっさんが本当に楽しく心豊かな生活は、ここで出来ないと思う。俺は、よっさんのことをもっと知りたい。どのように育ったのか、学校ではどのように学んできたのか。ご両親が、よっさんが障がい者と分かったとき、どのように考え、どのような愛情をかけてきたのか、全部知りたいんです」

　俺は何を言い出したのか。一週間前まで、まるで自閉症のことを知らなかった俺がなにをこんなにガチで、力んでいるのか……？　でも今はすごく知りたい。

　よっさんの親父は、しばらく下を向いて黙っていた。数分の時が流れ、よっさんの親父は、俺の顔を睨みつけるようにして話し出した。

「よしのこと、こんな風に聞いてくれてありがとう。今日は一時半から保護者会があ

るので、どこまで話せるか分からないが聞いてくれる?」と言いながら、よっさんの親父はいつもの大声ではなく静かに喋り出した。

「息子好裕は、昭和四十七年(一九七二年)九月十六日に伊勢市の病院で産声を上げた。息子の出産予定は十一月頃の予定だったが、それが予想もしない早い誕生だったよ。新生児の平均体重は、男の子で約三千グラム~四千九百グラム。平均身長は約五十センチ~五十六センチくらいだそうだが、二ヶ月も早く出てきて、それでも体重三千二百グラム、身長四十八・八センチあったよ。正常分娩で生まれた子供は大変元気で、健康そのもの五体満足どこも悪くないと医師から言われ、『本当に良かった』とこの時は私もいずこの父親同様、幸せを感じたよ」

四十数年前を思い出すように、よっさんの親父は少し上を向きながらしゃべっていた。

「ところが『どうもこの子はおかしいわ!』と妻が私に言ったのは息子が誕生して二~三ヶ月経ったときの頃だったかな。同じ頃に生まれた友達の子供のことを聞いていると、何か自分の子供の成長は遅れているように感じていたよ」

「他人の子よりハイハイが遅かったり、歩行ができるのも何ヶ月か遅かっても、少しずつの成長が親としてはうれしかったけど、妻が心配したのは、あやしても身体をくすぐっても笑いもしない、反応がない、目線を全く合わさない。もちろん言葉はなかなか出なかった。名前を呼んでも振り向きもしない。聴覚に障害があるのかと思うと、そうでもない。テレビに映る番組や楽しい音楽には、身体全身で動かしてる。特に自分の好きなコマーシャルソングや歌になると一生懸命に見ているし、それを見て笑うこともあった。息子が誕生した昭和四十年代当時は、その症状が自閉症とか自閉的傾向という言葉は全くなかった。もしあっても知らなかったよ」

よっさんの親父は、当時のことを一生懸命思い出そうとしていた。

「両足で歩くようになると、落ち着きがなく目を離せばどこかへ行ってしまうんだ。幼児にしては動きは無茶苦茶速かったよ。初めのうちは隣近所の家に入り込んでテレビを勝手につけたり、冷蔵庫を開けて中に入っている物を頂戴したりの悪さをしていたが、まあ会社の社宅だったから大目に見てくれていたけど、妻はそうはいかない。何時間も何時間も探して、勝手に入り込んだ家の奥さんに何十回、何百回と頭を下げる毎日だった。しかしうちの妻は強かったよ、絶対に弱音を上げなかった。好裕を何とか自立させるために大変な苦労をしていたよ。もちろん仕事の合間を縫って俺も手伝ったけど、あの当時の妻はビックリするほどすごく逞しかった。

「母は強しだ」

何とかこの子を世間並みの子供にさせたい、自立させたい、母親っていうのは凄いものだ。当時の日本は福祉という言葉すらなかった時代や、小児科の医師を何院も訪ねたり、当時は市民課だったかな？　市役所に行ったり、民生委員、市会議員、児童相談所、保育園や幼稚園、自分で思いつく施設や担当者に聞いたり、知人に紹介されたり、お蔭様で俺が働いていた工場は、千五百人ほど従業員がいたが、中には精薄者（詳しくは精神薄弱者・当時はそう呼んでいた）の子供を持つ親もいたから、その人達に紹介されて幼稚園の言葉の教室に通ったり、それらの先生からいろんなアドバイスを受けていた。『できる限り同じ年頃の子供さんと遊ばせるといいですよ』と言われ、子供達と交わらせるために保育園にもお願いに行ったけど、息子の落ち着きのない、すぐに手を振りほどいて走り回っている状況を見て、『申し訳ないけど、お宅のお子さんだと一人担当の者をつけなければならない。一人の子供さんをず～っと見ることは、うちでは到底できません』と断られた。四か所も五か所も回っても、どこの保育所もダメやった。市会議員さんにお願いして市役所の児童相談所へも足を運んで「入園できる手立てはないか」などお願いしたけど、残念ながら当時の日本の社会では、私の息子、いや精薄児に真剣に取り組んでくれるところなどどこもなかった。

今はね「障害者総合支援法」とか「児童福祉法」などという法律が出来て、福祉も随分とよくなったよ。どこの市や町にも障害者支援のサービスをしてくれるような立派な「相談支援センター」や「児童発達支援センター」が出来ているけど当時は何もない時代だったよ。それでも妻は伊勢の女や、頑固なほどあきらめることの嫌いな女やった。こうなれば自分たち夫婦で息子の将来を何とかせにゃいかん。私も仕事と並行して一日二十四時間協力せよと、仕事の休憩時間、お昼休みは家に戻り息子と付き合う。妻も絶えず息子に向かい合った、こんな生活をはじめたよ。一年三百六十五日×二十四時間、我々夫婦は息子に費やした。息子が寝ていようが起きていようが私たち夫婦には息子の自立を目標に気の休むことがない毎日だった。息子が人間として生きていくためには、人間として生活する術というかな、例えば服の着脱、普通の人間には、簡単なようだが覚えるまでは大変だ、大小便の自立、これもそうだよ、おむつから自分で排泄するまで、何回お尻を叩いたことか、虐待じゃないぞ、これは愛情だぞ、何とか覚えてほしい犬畜生でも家の中では排泄しないだろう。出ようが出まいが時間が来たらトイレに連れていって、一緒になって力んで見せる、こんなことが今でも彼にはトラウマなのだろうな。トイレを見ると反射的に飛びこんでいき、出なくても力んでいるよ。言葉は一番大変だった、人と接するために必要な最低の言葉、挨拶、マナー、行動、しつけ（特にいいことと、わるいことの違い）、人の物と自分の物との区別など、人間として絶対に必要なことを親として最低限教えねばならない。夫婦二人で、お互いにギブアップはしないぞと、約束し二人三脚で育てていこうと、心に決めた」よっさんの親父の言葉の一つ一つが俺の心に訴えてくる。

「よっさんには、兄弟はいないのですか」俺は家族の領域に入っていいことか迷ったが、よっさんのことがもっと知りたいと聞いてみた。

「兄弟ね……君は、兄弟は？」よっさんの親父が俺に質問してきた。

「姉ちゃんが一人います」

「君は姉ちゃんに面倒見てもらってないか」

「姉ちゃんには心配ばかりかけてる。金銭的にも面倒をかけてる」姉ちゃんから、いつも小遣いを貰ってた。

「いつまでもお姉さんに甘えていないで、君も自立しなくてはね」

よっさんの親父は、俺の話を聞きながら何故か大きなため息をついた。

「私達夫婦もね、障がい者の彼のためには、兄弟は多い方がいいと、初めは思っていたよ。よしが生まれて三年ほど間隔をあけて今度は女の子がいいなとも二人で話していた。よしが精神薄弱者、自閉症児と分かるまではね。先ほども言ったけど二十四時間、よっさんのために自立させにゃいかんことに我々夫婦は全ての時間を割いた。その頃には二人目のことなど全く頭になかった、私の両親も妻の両親も兄弟や知人が彼の将来のことを考えたらもう一人か二人つくっておいた方がいいと、ずいぶんすすめられた。この頃よく妻と議論したよ。兎に角、息子は超一流の重度障害児や。目を離すと外に飛び出していく、他人《よそ》の家に上がり込んで冷蔵庫の中のものを片っ端から引っ張り出したり、かじってみたり、それは、まるでネズミや。自分の物と他人の物とを理解させようと、なんとか落ち着かせて座らせて教えようとしても頭をガンガン叩いて大声で泣きわめく、時には壁や柱に自分で頭を思いきりぶつける、いわゆる自閉症のパニック、自傷行為というやつや。『何を言いたいのか。俺はそんなこと聞きたくない』って抗議する。自分のことをこの親はなにも理解しようとしない、そんなことを言ってるような姿勢を前面に出してくる。ここで親も甘い顔を見せてはならぬ、負けてはならぬと私達も対抗する。親と子のすさまじい対決だったよ。動きたがる息子の肩を押さえつけ何百回、何千回、何万回といろんな言葉を彼にぶつける。言葉がけて親と子供の、いやいやそんな生易しいものじゃなかった。名前は？　住所は？そんな我々の問いに知らぬふりをして目線を合わさない息子。合わないならばと、彼の頭を押さえて、無理矢理にこちらを向かせたり、それでも目線が合わさなくて『こちらを向いて…、何でこちらを向かんのや』何度言っても目線を合わさぬ子供に、こちらが根負けして苛立って叩いたことも何度もあったよ。そうなれば、得意のパニックになると分かっていても、ついつい親って馬鹿だよな、この子は駄目だと頭の中では分かっていてもさ。妻だって一緒だった。こんな状況だから妻はよしが落ち着いて自立するまでは子供を作らないと、私もこの状況で子供を作るのは妻がどれほど負担になるか充分分かっていたから、それ以上のことは言えなかったよ。そのうち私にも心境の変化が出てきた。彼に対して弟妹を作ってやることが本当に彼にとっても、後に生まれてくる弟妹にもいい事なのだろうか。親亡き後『お兄ちゃんのことは、お前らで面倒見ていけ』なんて、よしのために彼らの一生が犠牲になることを、俺たち夫婦は絶対言えないだろう、できないと思ったよ。もし弟や妹が生まれてきたなら、本来なら兄弟仲良くバラ色の人生が彼らの行く手を祝福してくれるはずなのに、よしという障害を持った兄貴がいたために結婚も出来ない、恋愛しても引け目を感じる、相手の親が障がい者の兄貴がいる彼らを本当に理解してくれるやろか。弟妹が面倒を見てくれても、彼の連れ合いも一緒に面倒を見てくれるやろか。そんなこと考えたら彼らの人生は、障害を持った兄貴という足枷を引きずりながら生きていかねばならんのだよ。一生障害の兄の事を気にして生きていくことになる、一生面倒見ていかねばならない。もし生まれてきた子が優しい子で『俺、お兄ちゃんのこと一生、面倒見るよ』なんて言ったらほんまに、それこそ可哀そうだよ。親としてそんなことをさせるのはあまりにも酷や。残酷や惨めやで、絶対に。そんな足枷を彼らに与えたくない。だから俺たち夫婦は好裕の弟妹は作らないと小学校に彼が上がる頃かな、お互い心にそう決めたんだ、そう誓った。他の方法を考えようと。でもこうして施設が出来るとそれが正しかったのか、やっぱり弟妹を作るべきだったのか、よしのためにはどちらがよかったのか、今でもよく考えることがあるよ」

「俺、親父さんの気持ちが、何となく分かる気がします、俺も、お母んやお姉えにずいぶんと迷惑かけてきた。これから先も迷惑をず～っとかけると思う。お母んは、俺のようなぐうたらを産んで、悔やんどると思うわ。あんたが産れんだら姉ちゃんもっと幸せやったと、よう言うとった」

「アホなこと言うな。君はこうしてボランティアでこの施設に来ている。ちゃんと仕事が出来る健常者やないか。君がやる気になれば何でもやれる。あのな、君な、自立するってこと分かるか」

よっさんの親父さんの質問がよく分からなかったが「自分一人で生きていくことですか、そう思います。金を稼いで誰にも助けてもらわず、家庭を作って……。だから俺はまだ自立できてないわ」

「あのな、健常者と障がい者では、自立の意味がまるで違うのや。ある人から自立についてこう聞いた。障害のない人（健常者や）の自立とは支援をだんだん減らしていくことや。君には、お母さんやお姉さん先生ら、君に関わっている周りの人達からの支援が少なくなってきた時が、本当の意味で自立したことになるんや。しかしな、障がい者の人達は違う。彼らの自立とは、支援をしてくれることが、すなわち自立することなんや。うちの息子は、このれんげの里で沢山の人から支援を受けている。サポーター、看護婦のお姉さん、食堂のオバちゃん、保護者の方や役員の方、他にもこのれんげに来る多くの方達の支援を受けてるのや。俺は彼が皆の支援を受けて幸せに暮らす道を歩むことこそ自立しつつあると思ってる。この施設と多くの支援者の人達がいる限り、彼はきちっと生きてくと思うよ、親亡き後もね」

親父さんは声を大きくして、次にこんな話をしだした。

「平成十二年の頃の話や。当時よしは松阪市内にある授産施設「M園」に通所していたんや。妻が送り迎えをしていた頃、毎日のように『M園卒業します』と言い出した。ちょうどこのれんげの里の建築が始まった頃や。そりゃしつこかった、誰かれなしに『M園卒業します』と。翌年十三年になると『三月二十日M園卒業します。三月二十五日遙宮に行きます』と何度も何度も繰り返ししつこいほど言うようになった。彼は松阪の家を離れて遙宮町に建つれんげの里に住むのだと分かっていたのやろな。生まれてこの方、家を離れたことのない息子にとって、ものすごく不安やったと思うわ。それが『三月二十日M園卒業します。三月二十五日遙宮に行きます』という言葉を繰り返したんやろ。こうして親と子は、れんげの里のお蔭で親離れをして、彼の自立への第一歩へと進んでいった、まあ親離れをするには少し遅すぎたのかもしれないが。とにかく不安はあったのだろうが、私が見た感じでは希望もあったのやろ。機嫌よく「れんげの里」に入所することを喜んでいるようにも見えた。こうなってくると子離れできない方がおかしい。できないのはむしろ親の我々の方やった。私も妻も、なんだかんだと「れんげの里」へと足を向けることになった。サポーターさんが慣れるまでと、私自ら暇を見つけては何度も宿泊をかってでたり、仕事で尾鷲や度会へ行く時には行き帰り用事もないのに「れんげの里」へ必ず寄るようになっていたよ。妻とて一緒だった。『薬がもうないから持っていく』とたった一個の軟膏と電子蚊取りを持っていったり、なんだかんだと理由をつけて「れんげの里」にせっせと足を運んでいたよ。

ある日の事、妻は息子から大変ショックな言葉を聞かされた。土曜日のことやった。

息子に松阪の実家へ帰ろうと言って、帰りたがらない息子を無理に誘い出したことがあった、その時、彼の言った言葉に妻は大変なショックを受けた。

『松阪帰りません、松阪卒業した』……そして、『お母さん卒業した』……と。

この意味が分かるか。妻にとっては自分のお腹を痛めて産んだ息子や、まして重度の障害児や、通常の親の何倍も苦労させられた息子や。一生自分の手の内に置いておきたい、いや置いておかねばならない。そう考えていた母親にとって幼児期・小学校、中学校、高等部の成長期時代、通所先のM園での青年期、これらの時期、いつも二人は一緒やった。楽しい事も悔しい事、涙が枯れるほどの悲しい事もあった。

障害を持つ親として、健常者の親からは疎まれ嫌がらせも多かった。近所の悪ガキからいじめられて帰ってきたこともあった。

どんな時にも身をもって息子を守ってきた母親や。障がい者を持つ親ゆえの苦労の日々を、妻は何事も一緒に行動すると決めていたと思う。

それが、息子はれんげの里という終の住まいを見つけた。支援してくれる人達と自分の人生を歩んでいくという子供のために、よかったこれで安心と、そう分かっていても、息子にこういとも簡単に『お母さん卒業した』と親離れの宣言をされたとき、愕然とし一時は声も出ないほど落ち込んでしまったよ」

よっさんの親父は天井を見ながら、当時を思い出していた。

「健常者の子の親からは疎まれ、いやがらせを受けることも多かった。近所の悪ガキからのいじめにも何度も遭った。その都度、妻は息子を守ってきた」

親父さんの目からは一筋の涙が流れていた。

「ここのサポーターさんが退職する時、篭屋さん卒業したとか水沢さん卒業したって言っていた。よしにとっては、卒業とは、別離のようなものだな、同時にあなたを、もう必要としない、そんな感じかな。卒業が息子の自立の路だと俺は理解してるが」

時計は一時を過ぎていた。保護者会に参加するよっさんの親父を、いつまでも俺の質問で止めておくことはできない。

「お父さんは、よっさんがどうしてほしいか、何を言っているか分かりますか。自閉症の人は皆決まってオウム返し（遅延性反響用語）、俺には彼の言っていることは、俺が言った事を返しているだけや、何を考えているか分からんわ」俺がこの一週間接してきた利用者さん達は、皆オウム返しだった。

「彼らだって、こうしてほしい、こんなこともしたい、あんなこともやりたいと、いろんな希望を持っている。でも多くの人が自閉症はオウム返しで、同じことを言っているだけやと、そんな面倒なことをせずともよいと、日々仕事に追われ自閉症の人達の心の奥に入って彼らの話を聞こうという支援者は少ない。彼らの心の奥にある、叫びをもっと耳を済まして聞いてほしい。その人がとても愛おしい、大事な存在であり支援してやりたいと、心から思った時、彼らは必ず君を信頼して声を投げかけてくるはずや。でもここのサポーターさんも、いや多くの自閉症に携わっている人達の多くがパターナリズムに陥っている人が多いのも、現状や」

「パターナリズムって？」聞き慣れない言葉が親父さんから出た。初めての英語だった。

「パターナリズム（paternalism）っていうのは強い立場にあるものが、弱い立場にある障がい者の利益になるようにと『あなたが可哀そうだから』とか『これがあなたのためだから』と本人の意志に反して行動に介入・干渉することだな。それって本当に障がい者は望んでいることなのか、彼はどんな希望や目標を持っているのか、自閉症だからとか、オウム返しだから分からんと支援者自身の考えを押し付けていることが多いように見える。そうではなく、もっと耳を澄まして彼の視点に立って、何をしてほしいのかを彼の身になって、よく聞いてほしい。君は将来支援者のような仕事を希望しているのかい？」

不意に親父さんが俺に質問した。

「いやまだ決めてませんが、何となく気持ちの上では、障がい者の人達と一緒に人生を歩むのはいいかなと、今はそんな気持ちです」

「そうか、君が本気で彼らの支援者になろうと思うのなら、心から彼らと付き合い、彼らの叫びを聞いてほしい。そうすればきっと彼らの生きる辛い苦悩に目を向けることが出ると思う。期待しているよ、また時間があったら話し合おう。君はきっといい支援員になるよ」

それだけ言うとよっさんの親父は、時間だと席を立って管理棟の会議室で行われる保護者会に向かっていった。時間が許せば、よっさんの親父さんからもっと彼の人生の歩みを聞きたかった。よっさんが今、何を望んでいるのか、もっと知りたかった。

「相武君い～る」不意にドアのノックと共に女性の声がした。慌ててドアを開けるとそこに立っていたのは手島早苗さんだった。

「あぁ～、手島さん」俺の心臓がまた驚いたように早鐘を打った。目の前に愛しの早苗さんが立っていた。

「上野さんが、相武君がよっさんの部屋でＤＶＤでも見ながらサボっているから見てこい、って言われたの」と彼女はにっこりと笑みを浮かべながら言った。早苗さんもキツイわ。

「冗談きついわ〜。いえいえ、今までよっさんの親父さんにいろいろ話を聞いてたんす」

早苗さんと視点を合わすことなく、下を向き手を何度も回しながら俺は早苗さんに言った。俺もやっぱりちょっと自閉症かなと思った。

「そ〜う、よかったね。私も話を聞きたかったわ、どう、いい話だった？」

早苗さんが俺に話しかけてくる。

「メチャ〜感動したっすよ。何故よっさんは兄弟がいないのか、それを聞いたら涙が出てきたっす。よっさんの親父さんが、利用者さんと話をするときはハートで聞けって。そうすれば、彼らの本当の叫びが聞こえるって、超しびれたす〜」

俺は今聞いた話を、うまくまとめることもなく、ドキドキしながら早苗さんに伝えた。

「よっさんのお父さんは、三重県の北勢に自閉症の施設が一つしかなかった時、親亡き後のことを考えてこの南勢の地に『障害があっても一人の人間として尊重され生きがいのある生活ができるように』と、同じ考えを持つ自閉症の親御さんの代表福田博紀さんや他の自閉症の親御さんや森吉さん永田さんら支援者も含めて発起人会を作り、二十数年の時を費やしこの遙宮に福祉法人の認可を取り、れんげの里を設立したんだと聞いたわ。それは言葉では表すこともできないほどのご苦労があったのでしょうね」

今度親父さんとれんげの里が出来た頃の話を聞くときは、早苗さんと一緒に聞きたいと想像するだけでまた俺の胸の鼓動が鳴った。


俺がレンチのサナいや「れんげの里」に来て早いもので、十日が過ぎていた。ボランタ～アだけに俺が少々サボろうが、よっさんの部屋に入り込んで彼と話し込もうが、DVDを一緒に見ようが上野さんはじめ、この棟のサポーターさん達は苦情の一つも言わなかった、もちろん管理棟の偉いお姉さま方もそうだ。

朝の洗濯や掃除、朝・昼・夕の食事や十時と三時のおやつの時以外は、わりと自由にさせてもらっていた。

俺はこの頃、できるだけよっさんと接触し、よっさんの親父が言っていた彼の心の叫びを知りたいと、俺なりに努力をしていた。

れんげの里の利用者さんの部屋は、わずか四畳ほどであるがそれぞれの部屋は利用者さん達が独特の個性の部屋を作り上げていた。

よっさんは夕方三時頃に管理棟から帰ると、大浴槽で一人で入浴する。大浴室はちょうど彼の部屋から右前にある。入浴する時間は約四十分、鼻歌交じりでＣＭソングを唄い湯船につかり、ゆっくりと一日の疲れを癒す。

入浴が済むとパジャマに着替え、夕食の時間まで自分の部屋で過ごす。

パソコンでこれからの予定を作ったり、昨日のプロ野球の成績を打ち込む。それが終わると借りてきたＤＶＤを見るか、ＮＨＫ教育テレビを見る。何が面白いのか訳が分からんが、何故か個々の利用者さんは教育テレビなのだ。

よっさんがくつろいでいる時をねらって、俺はよっさんの部屋を訪問する。彼は中からいつも鍵をかけているが、ノックすると黙って俺を迎え入れてくれる。

「何をしてた？」

「ＮＨＫ衛星放送・学校放送を見ました」と俺に言う。相変わらず俺と視線は合わせない。

「学校放送って面白いですか？」俺の質問に、決まったパターンでよっさんが答える。

「面白かったので見ました」……と。

学校放送とは、学校向けの教育番組の放送で、よっさんが見ているのはＮＨＫの番組である。ＮＨＫでは、幼稚園、小学校、中学校、高等学校などでの学校教育で使用されることを目的とした番組自体の総称で、授業に連動して視聴される番組が主のようである。学校教育で使用されることを目的とした番組であり、平日の日中に放送されている。

藤田さんから聞いた話によると、れんげの里の旅行で希望の場所を聞いたところ、よっさんは「名古屋」に行きたいと答えたという。

そこでサポーターさんは、名古屋旅行のメインをナゴヤドーム球場とし、よっさんが好きなプロ野球のナイター見学にした。障がい者がゆっくりと気兼ねすることなく見学できるプライムシートで、初めての観戦にワクワクしながら楽しんだという。

翌日、栄に行こうということになり、よっさんに「行きたい所、どこかある?」と聞いたところ「NHKプラザに行きます」と言う。どこにあるのか、よっさんに聞いたところ、さっさとその場所に連れていってくれたという。

名古屋NHK放送センタービル内「NHKプラザ」。

よっさんの目的はただ一つ、二階のNHK出版の店でお土産として「学校放送一年生〜六年生」の本、六冊を購入することにあった。

この本は小学校の先生が子供達を指導するために使用する教材だそうで、中身を読んでみると知恵の無い俺の頭では、結構難しい。果たしてよっさんが、どこまでこの本を読んでいるのか理解しがたいが、とにかくよっさんの部屋にはこの学校放送が随分と仰山置いてあった。

ついでに学校放送の事で聞いた話であるが、この名古屋旅行の帰り、購入した大事な学校放送を遙宮に帰るバスの中で忘れてしまい、れんげに着いてから気がついたようである。さぁ、それからが大変やった。一緒に旅行に行った藤田さんをはじめサポーター三人に「学校放送、ありません」とか「学校放送、三重交通にあります」と、彼は一晩中眠らないで、一緒に行ったサポーターに忘れ物を探してほしいと言い続けたという。幸い三交バスと連絡が取れ、バスの中に置いてあった学校放送は、松阪の事務所に戻っており、よっさんのお父さんがそれを取りに行き、二日後よっさんの手に戻り「これにて一件落着」となった。

親父さんの話やと、今まで自分が購入したものを忘れるなんて全くなかったが、彼をして忘れたということは、この日の旅行はとても楽しかったのだろうと。

よっさんを観察していると、学校放送の中のほんの一部に強烈な興味を持っているように思われた。これが自閉症の特性なのか、こだわりが強いというか本の中でも同じことを繰り返す内容は「ざわざわ森の頑固ちゃん」、「銀河銭湯パンダくん」、「知っトク地図帳」、「どきどきこどもふどき」、「ふしぎがいっぱい」などである。毎日よっさんの部屋に行くと、彼が座っているベッドの横に俺も座れという。そして学校放送を二人で一緒に読むことになる。

第七章　床屋さんへ行こか！

土曜日の午前のことである。この日は作業もなく、よっさんは久しぶりに十時頃から北沢さやかさんと床屋に出かけることになっていた。

例によって朝の食事時から「十時十分床屋さんに行きます」とか「北沢さんと床屋さんに行きます」と周りにいるサポーターや利用者の仲間に、くどいほど宣伝？をしていた。

俺の頭もずいぶん伸びてきているが、よっさんのは、横からの髪が耳たぶを、覆い、うるさいのか絶えず髪を触っている。

例によって時間が来るまでよっさんの部屋を覗き、オウム返しを交えた会話で、よっさんとのコミュニケーションをとるように努力するのが、最近の俺の日課である。

毎日よっさんと付き合っていると、よっさんが、日々何をしてほしいのか、将来どうしたいのか、何となく俺にも見えてくる、先日、よっさんの親父さんが「ハートで聞いてやって」と言ったことが、少しではあるが分かってきたような気がする。

自閉症の人達の多くが意思決定をすることが難しい。父親や母親の要望が先行し彼らの思いが反映していなかったり、サポーターの思い込みや彼らの都合で、ここの生活が組み立てられている人など、俺のようなボランタ～アはまともな仕事をしていない面、それがよく見えることもある。よっさんとて同じや。よっさんの頭がぼうぼうで気持ち悪くなっている。彼にとってもう限界に近い状態でも、彼らの仕事の都合であっさり伸ばされてきているのだ。これは仕方のない事かもしれぬ、十時十分前によっさんの部屋に上野さんが入ってきた。

「よっさん、十時からの床屋さん、みんな忙しくて行けなくなった。明日にして」

よっさんは、上野さんの言葉に少し反発した。

「床屋さん、十時に北沢さんと行きます」

「北沢さん、今日は忙しくて行けません。明日行きます。御免な」

よっさんがやけになった時や忙しいという言葉に反応して、よく使う言葉が飛び出した。

「アイ・アイ・アイ・アキ～ジ」

同じ言葉を二度ほど言うと、よっさんは黙ってしまった。

よっさんが、昨夜からあんなに楽しみにしていた散髪が急に中止になった。自立した人間なら自分の意志で決定できるし、納得いくまで話もできるが、ここは入所施設である。彼らの都合に甘んじなければならないことは結構多いのだ。

「上野さん、床屋さんの場所さえ教えてくれれば、俺がよっさんに付き添っていきますけど」俺は思い切ってよっさんの同行を希望する。

「大丈夫かい……？」

「大丈夫すよ。よっさんとは、何日も付き合って気心も分かってきました。俺、嫌われていないようなので一緒に行ってきますよ」

俺の提案に上野さんは少し驚いているようである。どうせ俺はボランタ〜ア、いつも、ぶらぶらしているから利用者さんとの外出という責任ある仕事、安全を守れるのか、いろいろ考えると上野さんは、俺に任せることができないで悩んでいるように見えた。

その時よっさんが「隆志さんと床屋さんに行きます」と答えた。俺達の会話を聞いていたのであろう。

「大丈夫かい……？」上野さんが再度聞いた。

「大丈夫、床屋さんに行きます」

よっさんが反応する。俺はよっさんと床屋に行くことには、全然抵抗はなかった。

何度も大丈夫かい、と言いながら、上野さんは床屋さんまでの地図を書いてくれた。

「住所はＪＲ野後駅の手前を左に曲がるとすぐ見える、床屋さんには電話しとくから、あとは床屋さんに任せときゃいいから」

「ああ野後駅なら先日大阪かられんげの来るとき降りたから、よく分かってます。ここなら大丈夫です」

野後駅を降りた時、慌てて周りを見なかったので床屋さんが、あったのかよう分からんが、野後駅なら何とかなるやろ、ちょっぴり心配なのは、あのあたり誰も居なかったけど、聞く人は誰か歩いているのかと、思いながら田舎の事や何とかなるやろと、どうにもならん時は「コンビニ」のおばちゃんに聞けばいい！

こうして俺とよっさんは、上野さんの心配をよそに床屋さんに向かった。歩きながらいろいろと、よっさんと話をしようと思ったが、これは完全に当てが外れた。年齢は俺より二十歳ほど年上のよっさんだが、とにかく足が速い、あっという間に五メートルほど離された。

「よっさん、ハア〜ハア〜もうちょっと、ハア〜ハア〜ゆっくり」

よっさんの足について行くことができず、少し歩いただけなのに息切れがする。長いこと、高校で帰宅部をやってきたことが、崇ったようである。

「よっさん、もう少しゆっくり歩いてよ……ハア〜ハア〜」

どうやら俺の息切れに気づいたのか、よっさんの歩行もゆっくりになり、俺を元気つけさせようと、よっさんなりの気遣いなのか俺の横に並んで歩きだし、何事かを一生懸命に話し出す。

「ざわざわ村のガンコちゃんと言って下さい」

「ざわざわ村のガンコちゃんかい」と俺が言うと満足そうな顔で次に、

「銀河銭湯パンダくんと言って下さい」と……。

「銀河銭湯ってお風呂屋さんかい？」と聞くと、

「違う、ＮＨＫ衛星放送学校放送銀河銭湯パンダくんです」

「あぁ学校放送か、いつも見ているやつか。なに銀河銭湯パンダくんかね」

そう言うとよっさんは、ご機嫌な顔で、またスピードを上げて歩く。

県道三十八号を歩いていくと国道四十二号線に出る。俺が野後駅を降りて初めて自動車が行きかう国道に出たがこれが四十二号である。

四十二号にかかっている横断歩道を信号が青になるのを見届けて、よっさんは渡る。おお〜チャンと信号も理解しているわ、その足で野後駅の方面へどんどん歩いていく。地図なんて必要なかった、よっさんは、ナビと同じで道草もせずに、どんどん目的地に向かって足を運んでいく。俺はついていくだけで精いっぱいだった。

前方に野後駅が見えてきた。一つ手前の交差点を左に向かうとそこには、床屋さんがあった。

大阪辺りの派手派手な回り看板や飾りつけもなく、シンプルで落ち着いた小綺麗な店である。店にお客が誰も居なかった。

中に入ると床屋のおっさんは、よっさんに椅子に座るように案内する。よっさんも、慣れたものでその椅子に座る。

「髪の形はどうしておこうかな」床屋のおじさんは俺の方を見てこう聞く。よっさんが「一休さん、お坊《ぼん》さん」と答える。

「イケメンが坊主頭では可哀そうや。よっちゃん、若者らしいカットにしとくわ」と言うと、調子よく櫛とハサミを使って髪を切り初めた。

俺はしばらく床屋のおじさんが、よっさんの髪を切るのを見ていた。何故か疑問がわいてきた。初めからおじさんは髪型決めてたのや。よっさんが一休さん、坊さんカットや、と言ったのに、おじさんは坊主は可哀そうや、と若者カットにした。何でやね？　何でよっさんの意志、要望と違うのだ。なんで可哀そうなのや。

おじさんは可哀そうやから若者カットにする。よっさんは何も言わないが、気持ちはどうなのやろ。よっさんの頭の中では、坊主頭にしようと決めてきたのでは、違うカットになって我慢しているのやろか。自分の要望は支援する多くの人達に理解されず一方的に親切の押し売りになっていることが多いのと違うやろか。

自閉症の子は自分の意志をはっきり言えないだけにこういうことは多いのと違うのやろか。パターナリズム？　俺の頭の中で最近覚えたこの言葉が現れた。まだよう分からんわ。

頭をカットして耳の下に長く伸びていた髭もきれいに剃り落として、よっさんは、見違えるようにきれいになった。先ほどまでのぼさぼさ顔とはもう違う。

「よっちゃん、イケメンになったろ。これでいいか」おじさんは得意そうに、よっちゃんの、後ろ頭を、手提げ鏡で写しながら言った。

「イケメン、これでいいか」よっさんは、椅子から下りた。

「またおいで、いい男」おじさんが笑った。よっさんも笑った。

「いい男だから、また来ます」それだけ言うとよっさんは、外に出ていった。

以前、よっさんがこのれんげの里に来る前、よっさんの家の隣が「ワールド」という床屋さんだった。

近所のよしみで、彼の散髪はワールドにしていたが「ワールド嫌いです、行きません」と行くたびに拒否する。どうもこの店の店主の仕事が粗っぽく、よっさんには合わなかったようで、近所の付き合い上、妻も気も引けたが、どこの床屋が彼にはいいのか障がい者の親に相談して、やっとよっさんの気に入る店を見つけたのは高等部を卒業した頃だったと、よっさんの親父さんに聞いたことがあった。

そんなことを思い出している間に、よっさんは例の通りの軽やかなステップで外に飛び出していった。

慌てて俺は、床屋さんに代金を払い、よっさんを追いかけた。よっさんは、野後駅の自販機の前で俺を待っていた。

「コーヒー飲みます、百円下さい」と右手を出す。

初めてよっさんにたかられた。それが何となく嬉しくなり、手持ちの少ないチャラ銭から二百四十円出して百二十円をよっさんに渡した。

すぐによっさんは、自販機に百二十円を投入しコーヒーではなくコーラを購入した。俺も同じくコーラを購入する。駅にあるベンチに座りコーラを飲み始めた。俺は語り始める。

「よっさんな、俺はれんげに来るのにこの野後駅で降りたんや」

「野後駅で降りたんや」珍しくよっさんが、視線を合わす。

「大阪から近鉄に乗り、松阪で紀勢線に乗り変えて野後で降りたんや」

「松阪で降りた？」よっさんの目が輝いた。

「よっさんは、松阪出身やったな」

「松阪…卒業した」よっさんが言う。

「野後駅降りてあんまり田舎なんで、びっくりしたわ」

「田舎なんで、びっくりしたわ」俺の顔をちらりと見て、よっさんが言う。

「この駅降りた時、人は誰もいないし、静かなんでびっくりした。まさかあんなところに床屋さんがあるなんてびっくりしたわ」

「びっくりしたので、床屋さんに行きました」

「そうか。よっさんも初めはビックリしたんやな。一緒やな」

俺の言葉にじっと俺の顔を覗いてくる。よっさんの行動、こんなことは初めてや。

「びっくりしたんやな、一緒やな」コーラを飲みながら、空を見て、よっさんは、言った。

「でも、この町はいいとこや、最高や。空気も食べ物も皆美味しい。れんげの人も保護者の人も人情があってとても優しいし、コンビニのおばちゃんも役場のお姉さんも床屋のおじさんも、いい人ばかり。俺は、ここが気に入った」

俺の言葉に、よっさんは言う。

「気に入ったので、れんげに居ます」よっさんも、同じらしい。

「そうか。よっさんも、気に入っているのや。まだ卒業はできんな」と何気なく俺が言うと、

「卒業しません、れんげに居ます」と、キッとした顔で俺を見て、今までより一オクターブも高い声でよっさんが叫んだ。

「ごめん、ごめん。よっさんは、れんげが気に入ってんのやな。卒業せずに、ここで、ず～っと暮らすんやな」

「卒業しません、れんげに居ます」とまた繰り返す。

「俺もこのれんげで暮らしたいけど、俺はボランタ～アやし、予定の二ヶ月を越えてもう三ヶ月も経ったわ。これ以上、れんげにいるわけにもいかんし、また空気の汚い大阪に帰らにゃいかんわ」

「隆志さん大阪に帰りません。れんげ卒業しません」よっさんが、真剣な顔をして俺に言う。多分行くなと言っているのやろ。

「おおきに、よっさん。でも帰らにゃいかんのや。これが男の生きる道やで」

俺が肩をいからせて、よっさんに言う。

「男の生きる道、卒業しません」

よっさんが睨む。時刻表を見たよっさんが、

「五時五十一分、隆志さん大阪へ帰ります？」

「うん、一番列車が五時五十一分か。朝一番で、皆が寝ている間にそ～っと帰るわ」

「五時五十一分帰ります」そう言うと、よっさんは黙ってしまった。

よっさんが何も言わないので、俺がまた喋り出す。

「こないだ浩史さんから、福祉をやりたいのやったら大阪に帰ってまずは常識的な福祉の勉強をして、君が希望するなら、改めてれんげに就職したらいい、と言われてるんや。大阪に戻ったら真面目に本気で勉強して、福祉士の資格を取って、またれんげに戻ってくることにするわ。ここには、よっさんや仲良くなったこんき棟の友達もいる。沢山のサポーターやそれに手島…」と言いかけて口を閉じる。

「隆志さん卒業しません、また戻ってくる。早苗さん待ってます」

「え～え、よっさんまさか」俺が早苗さんの事を好きって知ってるのか？　嘘やろ～。

大阪に帰ったら悪友とおさらばして、福祉学校へ行って知識をつけて、またこの素敵な町、遙宮に戻ってきたいと俺は本気でそう思った。大阪に帰ったら福祉学校の受験勉強や。それまでしばらく、れんげの里とはお別れや。

翌日（八月二十九日）大阪に帰るため挨拶をしに、管理棟に行く。時刻は午後三時を過ぎていた。浩史さんが六十歳ぐらいの小柄な男性と何やら楽しげに話していた。

俺を見つけた浩史さんが、

「相武君、ちょっと来て。紹介しとく。この方が高橋先生の友達の森吉さんや。森吉四郎さんや」

紹介された森吉さんという人が、にこにこしながら俺に声をかけてくれた。

森吉さんは野後から一時間ほど南にある尾鷲市の出身で、若い時に日本の福祉がいかにちんけなもので差別的かつ収容所的なものであることを、その目で見て自分の勤務する大きな施設の状況に愛想が尽き、一から障がい者のためにどうすべきかを何度も問い、遂に尾鷲市の近くの紀北という所に自費で作業所を作ったそうである。

俺の恩師の高橋先生とは京都時代の友人だそうで、先生にちらっと聞いた話では、京都時代の森吉さんには京美人の奥さんとの大恋愛の話があるが、今回はカットしとく。またの機会に話しするわ。

話を戻す。

「やぁ君が相武君か。三ヶ月間、ボランティアご苦労さんやったな。君のことは渋谷浩史さんから逐一報告してもらい高橋君にも連絡しておいたよ。高橋君が相武君は大阪の悪たれ坊主で、れんげで少しは役に立つか使い物になるかと心配してたけど、よう頑張ったな。ホンマご苦労様やった。ここでいろいろ体験したことを、君のこれからの人生に行かしてやと言ってた」

「俺、大阪へ戻ったら福祉の学校へ行って障がい者の事や福祉のことを勉強したいです」

「おお、それはいいことや。これで少しは高橋君にも大きな顔が出来るわ」森吉さんが笑った。

関戸さんが俺の所にニコニコしながらやってきて、

「初めてここに来た時なんという悪たれ坊主が来たのかと思ってたが、ホンマにあんたよう頑張ったな。これな、顔つきが変わってきたわ。皆でカンパして集めたんや、よう頑張ってくれたお礼や。君のこれからの活躍を祈念して少しやけど餞別や。受け取ってね」

「ええ、ホンマにいただけるのですか。俺はボランタ〜アやから無報酬やと、思ってたのに」

「あんたな、前から言おうと思ってたんやけど、ボランタ〜アと違う、ボランティアや。ボランティアやから、悪いけど、この施設からはお給金は出せへん。でも相武君はよう頑張ってくれた、これはみんなが認めてるわ、だからみんなに特別にカンパしてもらった、柳田さん直人さん、管理棟の藤田さん、大西さん角井さん、看護師さんの玉置さん大井さんそれに各棟のサポーター、保護者さんら、みんな君の奉仕に喜んでくれたんや、ホンマにご苦労さんやったね」

紙袋に入った餞別は俺の手にのせられた。皆の心がこもった餞別はとても重く感じられた。

「ありがとうございます」悪たれの俺がこの施設に来て接する人達が、皆温かく家族のように接してくれた。親切やった、優しかった。この施設の理念がホンマに皆の中に流れている、いい経験をさせてもろたと今は思う。この餞別いくらあるか分からないが、ありがたく頂いておこう。大阪に帰ったら福祉の勉強をしようと思った。みんな、ありがとうと心の中で感謝した。

お別れとお礼を兼ねて管理棟の皆さんに簡単に挨拶をしている時、ノックをして手島さんが入ってきた。

手島さんには絶対挨拶しとかな、俺は事務員の角井さんとの挨拶をそこそこに、手島さんに声をかけた、心臓がまた半鐘のように騒ぎ出した。

「手島さん、いろいろありがとうございました、俺、明日大阪に帰ります、また手島さんに会いにやってきます」俺の中で一世一代の彼女への思いをかけた挨拶だったが早苗ちゃんには通じていないようである。

「そう、寂しくなるね。いろいろとありがとうね。秋には、れんげ祭りがあるので、ここを退職した人がみんな来られるので、相武君もぜひ来てね」

「れんげ祭りですか。日にちが分かったら、携帯にでも、メールして下さい」チャンス。ここで彼女のメアドを聞き出そうとしたとき彼女は、

「れんげの里のＨＰにれんげ祭りのことも出ているし、れんげの日常というブログにはれんげの行事など紹介してあるから、毎日見てくれたらいいわ」

早苗ちゃん、そりゃないわ……。愛しの早苗ちゃんとの会話はそれで終わった。

管理棟での挨拶が終え、俺はれんげの里で最も世話になったこんき棟に戻った。

リビング室では上野さんと北沢さん、それに阪本さんの三人が三時のおやつの準備をしていた。

例によってドリップコーヒーである。こんき棟のコーヒはホンマ美味い。自閉症の人達って、口が肥えているのだろうか。願わくば、ゆっくりと香りや味を楽しんでほしいのだが、がぶ飲みで数秒で終わる人もいる。よっさんもその一人だ。

「よっさん、コーヒーおいしいか」俺の質問に、「美味しいから飲みました」それだ

け言うと、例によって、おやつのお菓子を手に持つと、ステップを踏みながら軽やかに二階に上がっていった。

第八章　れんげ 最後の夜

八月二十一日にグアム沖海上で発生した台風十八号は、大方の予想を裏切り九州豊後水道の辺りから四国に上陸し、真っすぐに紀伊半島を登ってきた。

八月二十八日十八時過ぎから、れんげのある遙宮町も激しいゲリラ豪雨をもたらし、特に野後村の隣にある宮河村では二十九日夕刻十九時三十分頃には記録的な短時間大雨で百十四ミリを記録したとニュースで言っていた。

昼から出勤したサポーターや宿泊のサポーターが警戒のため、れんげの里の周りを雨に濡れながら巡回した。俺も最後のご奉公と午後出勤した山本さんと、山に接する作業棟の裏の方や簡易倉庫、管理棟の山側を巡回したが、溝に流れてくる雨水はいつもより多く、皆が心配していた。

ＮＨＫの天気予報では、本州上に停滞する前線に向かって台風の接近に伴い南から流れ込む暖かく湿った空気と日本の東海上にある高気圧からの東風が合流したため、三重県南部、特にれんげの地である奥伊勢地域は非常に活発な雷雲が次々と発生・発達し、稲光が絶えず光り耳を劈くような雷鳴がれんげの里に鳴り響き、警戒警報が出ていた。

これだけのすごい音である。こんき棟の利用者さんも怖がっているのではと、少しの間鳴り響くが、心配しなくていいよ、ということを伝えるため山本さんと分担して各部屋を回ることにした。

俺は二階の奥から回りだした。一部屋一部屋、利用者さんに声をかける。もう休んでいる人、テレビを見ている人やCDを聞いている人もいるが、少なくともよっさんの部屋に行くまでは、皆鳴り響く雷鳴のなか冷静に時を過ごしていた。

「よっさん、大丈夫」と声をかけ部屋に入ると、音楽をボリュームいっぱいに掛け、しかも両耳をボールペンで蓋している。

「晴れ止んだら雷鳴りません」と不安そうな顔で俺を見る。

よっさんが言いたいのは、雨が止んだら雷も収まります、と言いたいのだろうか。

「よっさん。CDの音、もう少し小さくしな。隣の中川君に迷惑やで。それに耳にボールペンを差し込んでも、雷の音は聞こえるやろ。ボールペンを思いきり差し込んでたら、耳も痛いやろ。少しの間やから辛抱しや。稲光もずいぶん遠くで光ってる。

もう終わるから我慢してや」

なかなかボールペンを取らないよっさんに、俺は彼の耳から抜こうとした。

突然よっさんは、俺の手を振り払うようにして、

「耳栓取りません、晴れ止んだら雷鳴りません」と言って立ち上がり部屋を出ていこうとした。

「よっさん、どこへ行くの」と俺は慌てて声をかけた。

「おしっこに行ってきます」と言いながら慌てて自分の部屋から飛び出していった。

数十分が経った。雨も小やみになり雷鳴も遠くで聞こえるようになったが、おしっこに行ってきます、と言って出ていったまま、よっさんは戻ってこなかった。

おかしいなあと思いながら階段の横のトイレを覗いたが、よっさんはいなかった。

ついでに一階のトイレも覗いたが、そこにもいなかった。リビングにいるのかなと、山本さんに聞いてみた。

「いや。ここにはしばらくいるけど、よっさんは下りてこなかった」

どこに行ったのだろうか、友達の部屋にでも行っているのだろうか。何となく不安がよぎりながら、各部屋を覗いてみる。中川君、徳井君、石田君、宮貴君……。

「よっさん来てない？」と聞くと、山びこのように「よっさん来てない」という返事が返ってくる。中を見てもよっさんは、いない。

二階から一階各部屋を見て回ったが、彼がいた形跡もない。各階にあるトイレをもう一度見てみるが、もちろんいない。

「管理棟にでも行ってるのやろか」山本さんに言われて、管理棟に走るが、夜の管理棟である。一階の会議室も事務室も厨房ももちろん施錠されており、入ることはできない。一階のトイレは真っ暗でもちろんいる形跡はない。二階の会議室、客室も施錠がかかり、彼が居るはずがない。

「いないか？」隣のげんき棟に宿泊していた上野さんが心配そうな声がする。

「いないっす」

「よっさんのことやから他の棟に入っていないと思うが、各棟は宿泊しているサポーターに調べてもらうわ。君は作業棟の周りを見てきてくれ」

上野さんの指示で作業棟を回るが、作業棟各棟とも施錠されており、中にいることはない。作業棟の周りや簡易倉庫も二度ほど見て回るが、いる形跡は全くなかった。

こんき棟に戻ると、リビング室に上野さんと山本さんが、さかんに彼方此方に電話をしていた。

時刻は、夜中の二時を過ぎていた。知らぬ間に雷鳴は鳴り終わり、秋の虫であろうか一斉に騒ぎ出していた。

二時三十分過ぎ、施設長の浩史さんが自宅から慌ててやってきた。上半身はこの雨のため、ずぶ濡れだった。

皆でもう一度、施設内を探すことになった。夜中のことで利用者さんの部屋まではしっかり探すことはできなかったが、まずよっさんに関しては、それらの部屋にはいないだろうというのがサポーター全員の意見だった。

管理棟や作業棟も、もう一度回ったが、よっさんはどこにもいなかった。

よっさんは、どこに消えてしまったのだろう。

「これだけ皆でれんげの中を探してもいないということは、外に飛び出していったということも考えねばならんな。悪いけど皆、捜索場所をもう少し広げよう」浩史さんが決断して皆に指示を出した。

「施設の裏側にあるキャンプ地の喇野方面へは、西君と山本君が行ってくれ。サイクリングセンターから啄木鳥館方面へは、吉沢君と阪本君の二人頼む。道の駅佐原の辺りは、渋谷君に頼む。念のため役場の方向も上村さんと山田さんの二人頼むわ。俺と上野さんはここで待機するから何かあったらすぐ連絡してくれ。真夜中の事や充分に身の安全も注意して捜してくれ」こうしてにわか捜索隊が編成され、それぞれ指示された方向に、慌ただしく出ていった。

「あの、浩史さん。俺はどうしましょうか」よっさんと、最後までいたのは俺や。一番責任ある俺に指示がない。慌てて浩史さんに聞いてみる。

「一緒にここで待機してくれ」と言いながら、浩史さんは電話を掛けていた。

三時過ぎに捜索に向かっていた三グループが戻ってきた。都会と違って田舎のことで明かりも少ない。真っ暗な中で声掛けするだけしかできなかったようである。皆の必死の捜索も残念ながら、よっさんの足取りはまったく見つからなかった。

「あと二時間もすれば周りは明るくなってくる。そこでもう一度、捜そう。最悪地元の消防団か警察に頼まねばならないが」

浩史さんは最悪のことを考えているのだろうか。まさか大内山川の濁流にのまれたのやろか。こめかみの辺りが何度もぴくぴくと動いている。

俺はもう居ても立ってもいられなかった。よっさんどこにいるんや。このまま俺は今日の朝一番で大阪へ帰ることはできへんわ。

全員が管理棟の事務所で明るくなるのをひたすら待つ、重苦しい空気が漂っていた。

「まさか阿曽の方まで行ったのやろか」「よっさんの気に入っている喫茶リーフへ

行ったのと違うやろか」捜索の地は広がり、どんどんと時刻は過ぎていった。

ついに時刻は四時を過ぎていた。外も気のせいか少し薄明るくなっていた。

「相武君。君、朝一番で大阪へ帰るのと違ったか」

浩史さんが思い出したように俺に聞く。

「よっさんが見つかるまで、大阪へ帰るのは延ばします。俺のせいなんだから」

俺は済まなそうに言う。

「あのな。君が責任を感じるのは分かるが、君はもう充分やってくれた。あとは俺達にまかせて早く帰りの支度をせんと、身内の方も待ってるぞ」

もうこれ以上は俺達にまかせろと、浩史さんが手を振る。

「ちょっと待って、相武君。よっさんに、今日君が大阪へ帰る時間を話したかい」

ふいに吉沢さんが思い出したように言った。

「以前、よっさんが好きだった渡辺君が退職する時、彼がれんげを出る時間を覚えていて、噺野の駐車場に置いてあった彼の自動車の前でずいぶんと待っていたことがあった。その時は彼がれんげを飛び出し、そこにいるとは誰も気がつかなかったが、後に渡辺君から、よっさんだけがそこで待っててくれて見送ってくれて、とても感激したと聞いたことがある」

「そうや。昨日床屋さんへ行った帰り、野後駅のベンチでよっさんとコーラを飲んだ時、朝早く大阪へ帰ることを、時間も五時五十一分に乗車することも、確かに言いました」

そうや、俺はあのとき確かに言った。

「大嫌いな雷も終わったので、よっさんは、相武君を見送るために野後駅に行ったのと違うか」と吉沢さんが確信したような声で言う。

「自閉症のよっさんが、わざわざ相武君の見送りに行ったとは信じられんわ」

捜索していた多くのサポーターは、そんなこと信じられんわと怪訝な顔をする。

「いてるかいないか、とにかく俺、野後駅まで行ってきます」俺は立ち上がった。

「相武君、俺も行くわ」吉沢さんも立ち上がった。

すぐに俺と吉沢さんは、彼の運転する自動車で野後駅に向かった。

れんげの里から野後駅までは、自動車で走れば数十分の距離。居ても立ってもいられず、吉沢さんのアクセルもついつい強く踏みしめる。どうかそこにいてくれ。

東の空が明け初め、野後駅の薄暗い小さな待合室の奥に日の光が一直線となって差し込んでいた。

「よっさん居るか」吉沢さんの大きな声が待合室の奥に響いた。

待合室の奥から人影が動くのがかすかに見えた。

「吉沢さん」よっさんの声が聞こえた。

待合室の奥から、よっさんが眠そうな顔で、我々の前に現れた。雨の中をここまでやってきたのだろう、全身ずぶ濡れの姿だった。

「よっさん風邪ひくぞ、こんなに濡れて」吉沢さんがバスタオルを渡す。

俺の顔を見たよっさんが、いつものポカンとした顔で……。

「隆志さん卒業しました。大阪へ五時五十一分」と……。

先ほど吉沢さんが言った事をみんな信じてなかったけど、やはりよっさんは、俺を見送るために、昨夜からこの野後駅に来て待っていてくれたのだろう。コミュニケーションを取るのが難しい自閉症の人達にとって、彼がなぜこの駅にいたのかは永遠の謎だが、俺が朝一番に大阪へ行くことを知り、送ってくれるためにこの駅で待ってくれていたのだろうと、俺は解釈した。多分それが本当の事だろう。

「よっさん、ありがとう。ＪＲで大阪に行く時間は予定変更や」

冷たくなったよっさんの手を握りながら、よっさんに言った。

第九章　レンチのサナ卒業しました

れんげの里に戻ると、よっさんの親父さんが松阪から駆けつけてきていた。

「よっさん行方不明！」夜中に浩史さんからの電話で、慌てて自家用車で走ってきたようである。

「よし……どこへ行ってるのや、皆に迷惑かけて。迷惑かけるのやったられんげの里卒業やぞ」親父さんは眼一杯涙をため、よっさんを叱った。

「もうしません。れんげの里、卒業しません。れんげの里にいます」と、親父さんが「うん」と言うまで何度も何度も目線を合わすことなく、同じ言葉を繰り返した。

「吉沢さん、相武さん、本当にすいませんでした。よく捜してくれました。こんな大雨の中、皆さんに迷惑をかけて、ホンマに申し訳ない」

親父さんは深々と我々に頭を下げた。

「お父さん、よっさんを叱らんで下さい。彼と相武君とはこの二ヶ月間、ほんまに親友のような関係でした。よっさんの気持ちを彼は理解していたし、よっさんも彼のことが好きで、いろいろと頼っていたところがあります。よっさんにとって初めての友達、その友達が大阪に帰る、彼は居てても立ってもいられなかったのでしょう。雨の中、見送りに行くと言えば皆に止められるだろうから、誰にも言わず駅まで先回りして相武君を送ろうと黙って実行したのやと思います。夜中に飛び出して五時五十一分が来るのを人っ子一人いない真っ暗な野後駅の待合室で、じっと待ってたんでしょう。とっても心細かったと思います」

浩史さんの顔にも一筋の涙が流れていた。

「さてもう六時や。次の列車は八時三十四分か。その後は十時二十五分やが、どうする」と吉沢さんが俺の大阪行の時刻を心配してくれる。

「もしよかったら松阪まで送らせてもらいますよ。どうせ私も松阪へ戻らにゃいかんのやから」よっさんの親父さんが、提案してくれた。

「できればこいつも松阪まで連れていって、一緒に松阪駅で送らしてもらいます。松阪まで行けば近鉄やし、急行も特急も大阪方面は何本もある。朝遅れた分は充分カバーできますから」

俺はこの際、よっさんの親父さんの親切に甘えさせていただくことにした。

日本で一番うまいれんげの里の朝食を、こんき棟の利用者さんやサポーターさん達と一緒に取ることができた。

昨日は最後の晩餐や言うたが、今日は最後の朝食や。鳥羽の答志島で採れた噛むと甘みが出てくる若芽の入った味噌汁の味も、度会産の噛めば噛むほど甘みが出るご飯の味も、保護者会の皆さんが作ってくれた大根の漬物も、俺は大好きや。特に今日の卵焼きはホンマにうまかった。こんなうまい味、地元出身の厨房の職員さんが利用者さんの顔を浮かべながら愛情をこめて作っている。れんげの里の朝食、俺はいつまでも忘れへんで。

食事が終わると、よっさんの親父さんの自動車に乗り込む。

もちろんよっさんは、前席左が定席や。俺は後ろの席に乗り込む。管理棟の皆や各棟のサポーターさんが煉瓦の門の前に集まり手を振って俺を送ってくれている。その中に早苗ちゃんの顔も見つける。『さいなら、れんげの里。さようなら早苗ちゃん。今度会うときは秋のれんげ祭りや』俺はそう心に決めた。

遙宮町と松阪間は国道四十二号線で結ばれている。初めて遙宮町に来た時、ＪＲで四時間以上を費やしたが今度は快調、一時間ばかりで松阪駅に到着する。

「せっかくやからホームまで送ろう」よっさんと親父さんは近鉄の上り線ホームまで俺を送ってくれた。

「よっさん、また十月にれんげ祭りに来るわ。それまで元気でな」そう言うと、俺は難波行きの急行に飛び乗った。飛び乗る俺の背中に、「隆志君卒業した」とよっさんの声が聞こえた。

卒業！　よっさんとの別れ。振り返って俺はよっさんに言う。

「卒業！　違うで。とりあえず中退や、また帰ってくるから」

俺の言葉が分からなかったのか、またよっさんがまた言う。

「隆志君、卒業した」

ドアが閉まった。数秒のことだったかもしれんが、ドア越しに、よっさんと視点が合った。俺に向かって、「隆志君、卒業した」と……。

近鉄急行は、俺とよっさんの視点を合わせながら、静かに大阪に向かって走りだした。

「福祉？　俺は今まで自閉症の人達のことは、よく分からんだ。そんなこと考えたこともなかった。彼らは、この施設で何を望んでいるのだろうか？　このことを俺はもっと知りたい。そのために俺は一から勉強して、よっさんらのことを知りたい。彼らと心と心で付き合うために、必ずれんげに戻ってきたい。それまで、さいならや」

「隆志君、卒業した」……いつまでもよっさんの言葉が耳に残った。

【完】

おわりに

三重県度会郡大紀町という町に、「れんげの里」という自閉症の人達が中心に利用する入所施設（平成十三年四月設立）が出来て、もう二十数年になる。設立に関わった保護者や支援員、採用された職員の喜びは大きかった。当時は障がい者の入所施設が否定的に考えられ、グループホームに変わるようになってきた時期でもあった。

果たして、私達が設立した社会法人「おおすぎ」はどうであろうか？　親も職員もみんなが満足できる施設に成長したのだろうか、この本を通じて考えてみた。

法人を設立すると、私たち保護者は支援者の方や職員さんに我が子を託した。ここに記した「れんげの里」の日々は、サポーターから聞き取った話を私の頭でまとめたものである。

自閉症者という特異な障害を持つ子供達が、どうすれば幸せな生活ができるのか？経験がほとんどない職員が一生懸命考え、いろんなことに取り組んでくれている。施設設立当時の一つの例として、皆で楽しもうと「居酒屋」を職員の提案で始めた。

夕暮れ時れんげの里の中庭で、玄関先の掃除と水やりを終え、共に芝生に設置された「おでん屋さん」「焼き鳥屋さん」で楽しむ。職員や利用者が一緒になって屋台を作り、少しのビールも飲む。気分がよくなり芝生に寝転がり、青空を見上げ童謡を歌ったり、利用者も職員も時に保護者も飛び入りで、みんなが楽しんだものだった。

しかし、その取り組みも衛生上の問題や職員の労働荷重などの問題が出て、いつの間にか取りやめとなった。施設での実施は、しょせん「居酒屋ごっこ」でしかなく、みんなが心底楽しむものではなかったようである。

こんな反省からか最近、理事長と職員で、どのような法人を目指し実践していくべきか？　どう変わるべきなのか?を真剣に討議、検討されていると聞いた。

そもそも保護者や職員が、法人立ち上げの時に描いた夢は何だったのか？　それは間違いではなかったのか？　二十数年の法人の歴史を通じてそれはどう変わってきたのか？　職員はこの法人で何を願って働こうとしたのか？　など、議論を戦わせているとのこと。

設立した当時の親達は若さに満ち溢れ頑張り屋さんばかりだったが、二十数年の歳月は親も子も高齢者の位置に入り、世情の流れと共にこの施設も変わってきつつある。

これからこの施設はどう歩むべきか、親はどう臨むべきか。いつの日も利用者一人一人に寄り添う感性のある職員さんが、私達の息子や娘を託すことができるようどうすべきか。今後もこの施設が地域の人との共生を頭に置き、歩んでいけるよう考えていかねばならない。私達に与えられた課題はまだまだ多い。

著者プロフィール

宮本 隆彦（みやもと たかひこ）
【生年月日】 昭和18年7月24日（79歳）
【出身・現住所】 三重県松阪市
【性格】 顔に似合わず穏やかで優しいネ、とよく言われる
【モットー】「おたがいさま」の理念をかかげて、障害のある人達が自らの能力を活かし笑顔がこぼれる人生を歩むことができるように支援していきたい
【今までの実績】 京都（繊維販売会社）、大垣（繊維会社）、名古屋（薬品会社）、三重県（薬品会社）を経て2006年7月退社し現在無職。
自閉症者入所（福祉法人）おおすぎ設立運動
【趣味】 歴史研究、講談、読書
【好きなこと】 小学校同窓会会報編集、中学校同窓会会報編集
【現在の活動状況】 翔の会副会長、れんげの里連合保護者会会長、社会福祉法人おおすぎ評議委員　鈴鹿まほろば相談役
【著書】『陽だまりを求めて』2020年文芸社

陽だまりの中のよっさん

2023年２月15日　初版第１刷発行
2023年７月20日　初版第２刷発行

著　者　宮本 隆彦
発行者　瓜谷 綱延
発行所　株式会社文芸社
〒160-0022　東京都新宿区新宿１－10－１
電話　03-5369-3060（代表）
03-5369-2299（販売）

印刷所　株式会社暁印刷

ISBN978-4-286-26014-3